阅读中国·外教社中文分级系列读物

Reading China SFLEP Chinese Graded Readers

总主编 程爱民

Melodies Flying in March

编者 吴亚

三级主编 胡晓慧 吴剑

三级 3

上海外语教育出版社
SHANGHAI FOREIGN LANGUAGE EDUCATION PRESS

编委会

主　任　姜　锋　上海外国语大学
　　　　　王　宁　上海交通大学 / 清华大学

主　编　程爱民　上海交通大学 / 南京大学

编　委

赵　杨　北京大学
吴应辉　北京语言大学
祖晓梅　南开大学
罗剑波　复旦大学
赵文书　南京大学
王玉芬　浙江大学
王爱菊　武汉大学
张艳莉　上海外国语大学
李春玲　中央财经大学
王　骏　上海交通大学
李佩泽　汉考国际教育科技（北京）有限公司
王锦红　中文联盟

主编的话

每个学习外语的人在学习初期都会觉得外语很难，除了教材，其他书基本上看不懂。很多年前，我有个学生，他大学一年级时在外语学院图书室帮忙整理图书，偶然看到一本《莎士比亚故事集》，翻了几页，发现自己看得懂，一下子就看入了迷。后来，他一有空就去图书室看那本书，很快看完了，发现自己的英语进步不少。其实，那本《莎士比亚故事集》就是一本牛津英语分级读物。这个故事告诉我们，适合外语学习者水平的书籍对外语学习有多么重要。

英语分级阅读进入中国已有几十年了，但国际中文分级教学以及分级读物编写实践才刚刚起步，中文分级读物不仅在数量上严重不足，编写质量上也存在许多问题。因此，在《国际中文教育中文水平等级标准》出台之后，我们就想着要编写一套适合全球中文学习者的国际中文分级读物，于是便有了这套《阅读中国·外教社中文分级系列读物》。

本套读物遵循母语为非中文者的中文习得基本规律，参考英语作为外语教学分级读物的编写理念和方法，设置鲜明的中国主题，采用适合外国读者阅读心理和阅读习惯的叙事话语方式，对标《国际中文教育中文水平等级标准》，是国内外第一套开放型、内容与语言兼顾、纸质和数字资源深度融合的国际中文教育分级系列读物。本套读物第一辑共36册，其中，一——六级每级各5册，七—九级共6册。

读万卷书，行万里路，这是两种认识世界的方法。现在，中国人去看世界，外国人来看中国，已成为一种全球景观。中国历史源远流长，中国文化丰富多彩，中国式现代化不断推进和拓展，确实值得来看看。如果你在学中文，对中国文化感兴趣，推荐你看看这套《阅读中国·外教社中文分级系列读物》。它不仅能帮助你更好地学习中文，也有助于你了解一个立体、真实、鲜活的中国。

程爱民
2023年5月

目录

02　1. 今年春节怎么过？

08　2. 进火

13　3. 清明，伤心还是欢乐？

18　4. 三月歌飞

23　5. 屈原和端午节

28　6. 白族火把节

34　7. 在国外过中秋

39　8. 哈尼族的新米节

I

44	9. 九九重阳节
49	10. 冬至为什么吃饺子?
54	11. 一碗腊八粥
59	12. 你家孩子有对象了吗?
64	13. 查干湖冬捕
69	14. 画门神的人
74	15. 阿日奔苏木婚礼
81	练习参考答案
83	词汇表

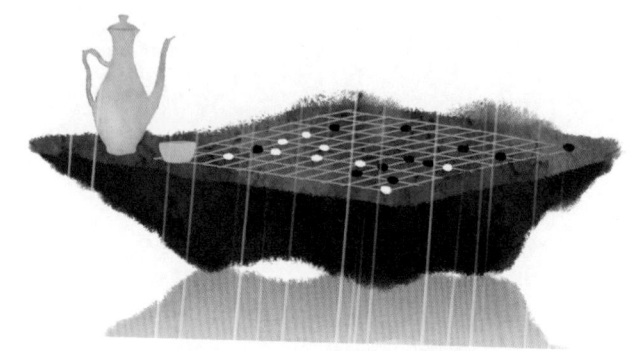

1 今年春节怎么过？

春节是中国人最重要的传统节日。今年春节怎么过？年夜饭打算吃点儿什么？过去一年又有什么高兴事儿呢？让我们跟着电视台记者到全国各地，听一听大家是怎么说的。

（上海一家超市的架子上放满了商品。赵小华已经买了整整两大包，正准备用手机支付。）

记者："我是电视台记者，想问问您春节怎么过？"

赵小华："多买点儿年货，一家人坐在一起，边吃边说，这就是最开心的事。"

记者："看您买了很多东西，都有些什么？"

赵小华："买了花生、瓜子什么的，还有孩子们爱吃的糖和小玩具。现在生活水平提高了，吃的、穿的可以随便买了，什么好买什么。不像我们小时候，只有过年才能吃好点儿、穿好点儿。"

（早上六点多，在吉林长春的一个公园里，老太太卢学芬(Lú Xuéfēn)正在散步。）

卢学芬："我女儿在外地工作，只有过年才能回来。只要回来，我就给她发红包，听她说'谢谢妈妈'，我就感觉特别高兴。"

记者："您女儿都多大了，还给她发红包啊？"

卢学芬："因为平时缺什么,她都给我买。过年的时候,我就给她一点儿钱,她心情好,我也高兴。"

(在重庆中坝村,廖家大院的窗户上已经贴了"福"字,门前也都挂上了红灯笼。院子里放着八九张桌子,都坐满了人。大家看着传统的旱船表演,谈着一年来发生的有意思的事儿,等着当地的名菜"八大碗"上桌。人们的笑声、美食的香味,让这座有一百多年历史的院子充满了欢乐。)

廖连伟："我们爷爷的爷爷就住在这里呢。现在很多年轻人到大城市去生活了。但不论在哪儿,从这个院子里出去的人都不会忘记这里。只要过年,我们都约好一起回来。"

(江苏沭阳的商业街上,武春莹正在买"福"字。)

记者："您家吃年夜饭,有没有哪道菜是一定要上的?"

武春莹："鱼。年夜饭时不能把鱼吃完,要留一些,这就是'年年有余'。"

（<u>黑龙江</u> <u>哈尔滨</u>市民<u>李 霜</u>正在跟家人一起包饺子。）

李霜："我们这儿过年不能没有饺子，全家人得一起包、一起吃。"

（<u>福建</u> <u>厦门</u>市民刘 嘉萍正在<u>市场</u>里买菜，为年夜饭做准备。）

刘嘉萍："过年要一起<u>围炉</u>，就是全家人围着炉子吃年夜饭，<u>红红火火</u>，<u>团团圆圆</u>，一起过年。"

买年货、发红包、贴"福"字、吃年夜饭，这些都是<u>中国</u>人过年的<u>方式</u>，<u>表达</u>了<u>中国</u>人对家<u>深深</u>的<u>情感</u>和对<u>美好</u>生活的<u>希望</u>。

注释

红包 hóngbāo
A red packet is a red envelope with gift money in it, which symbolizes luck and wealth. Red packets are symbolically handed out to younger generations by their parents, grandparents or relatives during Chinese New Year.

旱船 hàn chuán
"Land Boat" performance is a folk dance that utilizes boats carried by performers. This performance is popular in Shaanxi, Shanxi and Hebei provinces as well as other regions.

年年有余 niánnián-yǒuyú
The meaning of this phrase is "May there be surpluses every year". Fish is called "鱼" yú in Mandarin Chinese, which has the same pronunciation with "余" yú and represents abundance. Therefore, fish is essential to New Year's Eve dinner, and it cannot be ate up.

本级词

过去 guòqù | past times

电视台 diànshìtái | TV station

记者 jìzhě | reporter, journalist

各地 gèdì | various places/localities, all over the country/world

商品 shāngpǐn | commodity

整整 zhěngzhěng | whole

支付 zhīfù | to pay

糖 táng | sugar, candy

玩具 wánjù | toy

只有 zhǐyǒu | only

老太太 lǎotàitai | old lady

散步 sànbù | to take a walk

缺 quē | to lack

村 cūn | village

福 fú | blessing

挂 guà | to hang

张 zhāng | (measure word for tables, chairs etc.)

表演 biǎoyǎn | performance

发生 fāshēng | to happen

当地 dāngdì | local

美食 měishí | choice food

充满 chōngmǎn | to be full of

欢乐 huānlè | joy

城市 chéngshì | city

不论 búlùn | regardless of

约 yuē | to make an appointment

商业 shāngyè | commerce, business

时 shí | the time, when

把 bǎ | (a preposition used to introduce a "subject+ verb + complement" structure)

市场 shìchǎng | market

围 wéi | to surround

方式 fāngshì | way, mode

表达 biǎodá | to express

深 shēn | deep

情感 qínggǎn | emotion

美好 měihǎo | desirable, glorious

希望 xīwàng | hope

超纲词

传统 chuántǒng | traditional

架子 jiàzi | shelf

年货 niánhuò | special purchases for the Spring Festival

花生 huāshēng | peanut

瓜子 guāzǐ | melon seed

红包 hóngbāo | red envelope/packet

窗户 chuānghu | window

贴 tiē | to stick, to paste

灯笼 dēnglong | lantern

历史 lìshǐ | history

市民 shìmín | city residents

炉 lú | stove, oven

红火 hónghuǒ | flourishing, prosperous

团圆 tuányuán | reunion

练 习

一、根据文章判断正误。

Tell right or wrong according to the article.

（　　）1. 赵小华买了整整两大包年货。

（　　）2. 现在人们只有过年的时候才能吃好点儿、穿好点儿。

（　　）3. 卢学芬打算给女儿发红包。

（　　）4. 廖家大院在重庆中坝村，已经有一百多年的历史了。

（　　）5. 现在年轻人都去大城市生活了，过年也不会回去。

（　　）6. 武春莹家年夜饭一定要吃完一条鱼。

（　　）7. 中国人过年的方式表达了对家深深的情感。

二、选词填空。

Fill in the blanks with the words given below.

A. 缺　　　　B. 约　　　　C. 挂　　　　D. 不论

E. 市场　　　F. 方式　　　G. 充满　　　H. 散步

1. 老太太卢学芬正在公园里_____。
2. 平时_____什么，她都给我买。过年的时候，我就给她一点儿钱。
3. 廖家大院的窗户上已经贴了"福"字，门前也都_____上了红灯笼。
4. 人们的笑声、美食的香味，让这座有一百多年历史的院子_____了欢乐。
5. _____在哪儿，从这个院子里出去的人都不会忘记这里。
6. 只要过年，我们都_____好一起回来。

7. 福建厦门市民刘嘉萍正在_____里买菜，为年夜饭做准备。

8. 买年货、发红包、贴"福"字、吃年夜饭，这些都是中国人过年的_____。

三、根据文章回答问题。

Answer the questions below according to the article.

1. 现在生活水平提高了，中国人买年货和过去有什么不一样？
_____

2. 卢学芬为什么要给女儿发红包？
_____

3. 人们在廖家大院怎么过春节？
_____

4. 年夜饭时为什么不能把鱼吃完？
_____

5. 中国人过年的方式有哪些？
_____

2 进火

　　农历正月十六，对我们全家来说是一个好日子，因为新房子要在这一天举行进火。我们是客家人，在客家人的风俗习惯中，搬进新家第一次点火做饭就叫"进火"，是为了庆祝新房子的建成，也希望一家人住进新家后生活美好、生意红火。

在父母的眼中，进火可是一件大事。

早上6点是进火的准确时间，这是父亲专门算好的。为了做好准备，我们全家五点就起床了。5点半左右，姐姐一家三口开着车赶了过来，跟我们一起体验这欢乐的时刻。

大概5点50分，我们出发了。按照当地的风俗，每个人都不能空手进新家，我们分别拿上梯子、苹果、算盘、书本等东西，排着队，从老屋出发，一起朝新家走去，嘴里还说着祝福的话。我们手里拿的东西都有美好的意思——梯子代表进步，苹果代表平安，算盘代表节约、会过日子，书本代表知识等。由于新家离老屋很近，不到5分钟，我们就走进了新家的大门。

6点到了，妻子立刻打开煤气炉开关，火一下就点着了。点火后，必须做两个菜：发粄(bǎn)和肉丸子。

一会儿发粄就做好了，红红的，每个中间都有一个小口子，好像在笑。看着红红的发粄，姐姐马上说："希望我们家越来越发！""对，越来越发！"我们也跟着说。大家坐在圆桌旁，一边吃着发粄，一边聊着天。发粄的热气和家庭的幸福让我的心里可温暖了。

"这房子面积大，上下午都有阳光，我喜欢。"平时话很少的父亲说着说着，眼睛笑成了一条线。"我在农村也能住上这么好的房了，真是太幸福了。"母亲也开心得好像一个孩子。我赶紧拿出手机，把这幸福的一刻永远地记录下来。

看到父母这么开心，我和妻子互相看了一眼，也满意地笑了。

就在这时，儿子把肉丸子端了上来。肉丸子形状圆圆的，白里带着红，有团团圆圆、红红火火的意思。"祝爷爷奶奶健康！"吃肉丸子时，儿子的一句祝福让我父母更加开心了。大家都被他们的开心带动，争着说一些祝福的话，新家里充满了欢乐的气氛。

母亲说，今天进火顺利，以后我们家的生活一定会红红火火。

9

注释

客家 Kèjiā
Meaning "guest families", the Hakkas are a subgroup of the Han Chinese people who live predominantly in Guangdong, Jiangxi, Fujian and Taiwan provinces.

本级词

火 huǒ | fire

搬 bān | to move

为了 wèile | in order to

庆祝 qìngzhù | to celebrate

建成 jiànchéng | the completion of the building

生意 shēngyi | business

父母 fùmǔ | parents

父亲 fùqīn | father

专门 zhuānmén | specially

左右 zuǒyòu | about, approximate

赶 gǎn | to rush for, to catch up

体验 tǐyàn | to experience

时刻 shíkè | time, moment

大概 dàgài | about, approximately

按照 ànzhào | according to

每 měi | each, every, per

空 kōng | empty

分别 fēnbié | separately

苹果 píngguǒ | apple

排 pái | to put in order, to line up

朝 cháo | towards

代表 dàibiǎo | to represent

进步 jìnbù | to progress

节约 jiéyuē | thrift

由于 yóuyú | because

立刻 lìkè | immediately

幸福 xìngfú | happiness

温暖 wēnnuǎn | warm

面积 miànjī | the measure of area

阳光 yángguāng | sunshine

线 xiàn | thread, line

农村 nóngcūn | countryside

母亲 mǔqīn | mother

赶紧 gǎnjǐn | hurriedly

记录 jìlù | to record

互相 hùxiāng | each other

上来 shànglái | (complement of direction)

形状 xíngzhuàng | shape

祝 zhù | to wish

更加 gèngjiā | more

被 bèi | (used in the passive voice)

带动 dàidòng | to revive, to spur on

争 zhēng | to compete, to be racing to

10

超纲词

农历 nónglì | lunar calendar

风俗 fēngsú | social custom

梯子 tīzi | ladder

算盘 suànpán | abacus, counting frame

屋 wū | house

祝福 zhùfú | blessing, benediction

过日子 guò rìzi | to live (on), to get along

妻子 qīzi | wife

煤气炉 méiqìlú | coal gas oven

开关 kāiguān | switch, breaker, button

发粄 fābǎn | Bot Ban, a small cake made of rice flour

丸子 wánzi | meatball

聊 liáo | to chat

端 duān | to hold sth level with both hands, to carry

气氛 qìfēn | atmosphere

练 习

一、根据文章判断正误。

Tell right or wrong according to the article.

(　　) 1. 举行进火是<u>客家人</u>搬进新家的风俗习惯。

(　　) 2. "我"在城里买了一套新房子，正月十六要举行进火。

(　　) 3. "我"家进火的时间是父亲专门算好的。

(　　) 4. 每个人都不能空手进新家，"我们"都随便拿着一个东西。

(　　) 5. 新家离老屋很近，开车不到五分钟就到了。

(　　) 6. 肉丸子形状圆圆的，有团团圆圆的意思。

(　　) 7. 进火是为了庆祝新房子的建成，也是希望住进新家后生意红火、生活美好。

二、选词填空。

Fill in the blanks with the words given below.

A. 被　　　　　B. 把　　　　　C. 左右　　　　　D. 由于

E. 按照　　　　F. 互相　　　　G. 赶紧　　　　　H. 面积

1. 五点半_____，姐姐一家三口开着车赶了过来。

2. _____当地的风俗，每个人都不能空手进去。

3. _____新家离老屋很近，不到五分钟，"我们"就走进了新屋的大门。

4. 这房子_____大，白天都有阳光，我喜欢。

5. "我"_____拿出手机，_____这幸福的一刻永远地记录下来。

6. 看到父母这么开心，"我"和妻子_____看了一眼，也满意地笑了。

7. 大家都_____父母的开心带动，争着说一些祝福的话。

三、根据文章回答问题。

Answer the questions below according to the article.

1. 在客家人的风俗习惯中，为什么要举行进火？
   _____

2. 哪些人参加了新家的进火？
   _____

3. "我们"手里拿了什么东西进新房？为什么？
   _____

4. 点火后必须做哪两个菜？为什么？
   _____

5. "我"的父母为什么很开心？
   _____

3 清明，
伤心还是欢乐？

每年农历三月初一前后，是 清明 节（Qīngmíng Jié），又叫踏青节（Tàqīng Jié）、三月节等，是中华民族重要的传统节日。清明是一个自然的节气，又是一个传统的节日，同时具有自然和文化的内容。

首先，清明节是一个祭祀祖先的日子。这天，人们要带着祭品给祖先上坟，表达对祖先的怀念。带什么祭品，没有特别的规定，可以带祖先爱吃的菜、水果，爱喝的酒，也可以带花。

其次，清明是一个自然的节气。这时候，冬天结束，春天到来，气温变高，适合植物生长。中国古代的人说，"清明前后，种瓜点豆"，意思是清明这段时间，是种菜的最好时间。还有一句话是，"清明种瓜，船装车拉"，意思是清明种瓜可以丰收，能把船和车都装得满满的。因此，清明一到，农民就开始忙了。种点瓜，种点豆，种点菜，也种下了一年的希望。中国还有清明种树的习惯，从古代一直传到了现在。在现代社会，清明种树对开展环境保护工作有很重要的意义。

有的人觉得，清明节的主要活动是祭祀祖先，一定是一个让人伤心的节日，那可就错了。清明节又叫踏青节。"踏青"是指冬天过去了，人们走出家门，到大自然中走一走、玩一玩，迎接美丽的春天。春天到了，花开了，草绿了，到处都是美丽的景色。不论大人还是孩子，经过一个长长的冬天，谁不想出去走走呢？据说，古代的时候，清明节的活动更丰富呢，年轻人在草地上举办晚会，唱歌跳舞，朋友们在河边喝酒说话。清明节过去，不知道多少年轻人成为男女朋友，亲人朋友之间的感情也更深了。可以说，清明节也是人们感受自然、增进感情的欢乐节日。

节气 jiéqì

A day marking one of the 24 divisions of the solar year in the traditional Chinese calendar.

According to the length of the day and night, the height of the sun shadow at noon, etc., a number of points are set in a year, each point is called a solar term. The 24 solar terms are: Beginning of Spring, Rain Water, Awakening of Insects, Spring Equinox, Pure Brightness, Grain Rain, Beginning of Summer, Grain Buds, Grain in Ear, Summer Solstice, Minor Heat, Major Heat, Beginning of Autumn, End of Heat, White Dew, Autumn Equinox, Cold Dew, Frost's Descent, Beginning of Winter, Minor Snow, Major Snow, Winter Solstice, Minor Cold, Major Cold. The 24 solar terms indicate climate changes and farming seasons and are of great significance in agricultural production.

本级词

伤心 shāngxīn | sad

初 chū | initial

前后 qiánhòu | around

中华民族 Zhōnghuá Mínzú | Chinese nation

自然 zìrán | nature

具有 jùyǒu | to possess

文化 wénhuà | culture

内容 nèiróng | content

首先 shǒuxiān | first

规定 guīdìng | regulation

其次 qícì | second, next

结束 jiéshù | to finish

适合 shìhé | to be suitable for

生长 shēngzhǎng | to grow

古代 gǔdài | ancient times

种 zhòng | to plant

因此 yīncǐ | therefore

农民 nóngmín | farmer

开始 kāishǐ | to start

传 chuán | to pass on

现代 xiàndài | modern

社会 shèhuì | society

开展 kāizhǎn | to conduct

保护 bǎohù | protection

意义 yìyì | meaning

指 zhǐ | to refer to

迎接 yíngjiē | to welcome

美丽 měilì | beautiful

景色 jǐngsè | scenery

据说 jùshuō | it is said that

丰富 fēngfù | plentiful

举办 jǔbàn | to sponsor

跳舞 tiàowǔ | to dance

亲人 qīnrén | relative, one's family members

感情 gǎnqíng | emotion

感受 gǎnshòu | to feel

超纲词

踏青 tàqīng | to go for a walk in the country in spring

节气 jiéqì | solar term

祭祀 jìsì | to offer sacrifices to gods or ancestors

祖先 zǔxiān | ancestors

祭品 jìpǐn | sacrificial offering

上坟 shàngfén | to visit sb's grave

怀念 huáiniàn | to cherish the memory of

植物 zhíwù | plant

瓜 guā | any kind of melon or gourd

丰收 fēngshōu | bumper harvest

之间 zhījiān | between

增进 zēngjìn | to promote

练 习

一、根据文章判断正误。

Tell right or wrong according to the article.

（　　）1. 清明节又叫踏青节。

（　　）2. 清明是一个自然的节气，具有自然的内容。

（　　）3. 人们通常要带着祭品去给祖先上坟。

（　　）4. 祭品中不可以有酒。

（　　）5. 清明以后，意味着春天到了，气温上升。

（　　）6. 古代的清明节没有种树的习惯，到了现代才有。

（　　）7. 所有的中国人都认为清明节是一个让人伤心的节日。

二、选词填空。

Fill in the blanks with the words given below.

A. 适合　　　　B. 规定　　　　C. 因此　　　　D. 开展

E. 传　　　　　F. 据说　　　　G. 前后　　　　H. 种

1. 每年农历三月初一_____，是清明节。

2. 去上坟要带什么祭品，没有特别的_____。

3. 这时候，冬天结束，春天到来，气温变高，_____植物生长。

4. 中国古代的人说，"清明前后，_____瓜点豆"。

5. 中国还有清明节种树的习惯，从古代一直_____到了现在。

6. _____，清明一到，农民就开始忙了。

7. 在现代社会，清明节种树对_____环境保护工作有很重要的意义。

8. _____，古代的时候，清明节的活动更丰富呢，年轻人在草地上举办晚会，唱歌跳舞，朋友们在河边喝酒说话。

16

三、根据文章回答问题。

Answer the questions below according to the article.

1. 在清明节给祖先上坟，可以带哪些祭品？
   _____

2. 为什么在中国古代有一句话叫"清明前后，种瓜点豆"？
   _____

3. "踏青节"是什么意思？
   _____

4. 为什么说清明节也可以是欢乐的节日？
   _____

4 三月歌飞

"唱山歌,这边唱来那边合……"每到农历三月初三,山花开放的时候,中国西南少数民族地区就变成了歌的世界。穿着美丽民族服装的人们装上五色糯米饭,带上红鸡蛋,赶到各个歌场对歌、赛歌,用歌会友,用歌传爱。山上、水边,到处都很热闹。

农历三月初三是中华民族传统的上巳节(Shàngsì Jié)。大约在宋(Sòng)朝以后,上巳节结合了山歌和民族文化,在中国西南的少数民族地区保留了下来,并成为当地少数民族非常重要的节日。其中，壮族举办的三月三歌节最有名。

　　壮族三月三歌节的传说很多，其中传得最广的就是刘三姐的故事。壮族有一个美丽的女孩，叫刘三姐。她经常用山歌来表达美好的生活和爱情。她的歌声动人，大家都很喜欢。可是财主们不喜欢她，有一天她上山砍柴时，财主派人砍断了藤条，刘三姐从山上掉了下去，那一天就是农历三月初三。人们就在这一天集中在一起，用唱歌的方式来纪念她。这就是壮族歌节最早的形式。

　　三月三歌节，也是壮族最古老的情人节。壮族的年轻人在歌会上对歌，找到自己喜欢的人以后，女子会抛出自己做的绣球，如果对方收下绣球，就表示他也喜欢她；男子呢，会拿着红鸡蛋和女子手中的鸡蛋碰一下，如果女子让他碰鸡蛋，就表示她也喜欢他。如果双方都觉得对方是自己喜欢的人，就会一起吃下鸡蛋和五色糯米饭，约好以后见面的时间和地点。这种用山歌表达爱情的传统一直保留到了今天。

　　2014年，壮族三月三歌节成为国家级非物质文化遗产，有壮族文化特色的山歌从民间走上了国际大舞台。从那时起，每年的三月三歌节，世界各地的歌手都会来到广西。他们用歌声传播自己国家的传统文化，用歌声交流对不同文化的相互理解，人们的情感也在歌声中越来越紧密。

　　"唱歌莫给歌声断……"朋友们，三月的歌海等着你们！

注释

上巳节 Shàngsì Jié

It is an ancient Chinese festival celebrated on the third day of March of the Chinese lunar calender. It is a festival mainly observed by Chinese ethnic groups, including Han, Zhuang, Miao and Yao. Five-colored sticky rice and painted eggs are traditional food for the festival. People believe rice is good for health and painted eggs are seen as a symbol of love.

壮族 Zhuàngzú

The Zhuang is the most populous ethnic minority in China. Most of them live in southwest China's Guangxi Zhuang Autonomous Region. The rest are distributed in Yunnan, Guangdong, Guizhou and Hunan provinces.

非物质文化遗产 fēiwùzhìwénhuàyíchǎn

Intangible Cultural Heritage refers to various traditional cultural expressions passed down from generation to generation by people of all ethnic groups and considered as part of their cultural heritage, as well as physical objects and places related to traditional cultural expressions. It also includes traditions or living expressions such as oral traditions, performing arts, social practices, rituals, festivals, knowledge and practices concerning nature and the universe or the knowledge and skills to produce traditional crafts.

本级词

合 hé | to fit one into the other
开放 kāifàng | (of a flower) to come into bloom
民族 mínzú | nation, nationality, ethnic group
地区 dìqū | area
世界 shìjiè | world
服装 fúzhuāng | clothing
赶到 gǎndào | to arrive in time for
传 chuán | to spread
结合 jiéhé | to combine
保留 bǎoliú | to retain, to keep
下来 xiàlái | (used after a verb to indicate a continuation from the past to the present or from the beginning to the end)
并 bìng | and
传说 chuánshuō | legend
歌声 gēshēng | sound of singing
动人 dòngrén | moving, touching
派 pài | to send

下去 xiàqù | (used after a verb, indicating a motion away from a higher place to a lower one)
集中 jízhōng | to gather up
纪念 jìniàn | to commemorate
形式 xíngshì | form
女子 nǚzǐ | female, woman
对方 duìfāng | the opposite side
男子 nánzǐ | male, man
双方 shuāngfāng | both parties/sides
特色 tèsè | distinguishing feature
民间 mínjiān | folk, unofficial
舞台 wǔtái | stage
歌手 gēshǒu | singer
传播 chuánbō | to spread
交流 jiāoliú | to communicate
相互 xiānghù | each other
理解 lǐjiě | understand
断 duàn | to disconnect, to break

超纲词

色 sè | color
糯米 nuòmǐ | sticky rice
各个 gègè | each, every

赛 sài | to compete
热闹 rènao | bustling with noise and excitement
广 guǎng | wide

财主 cáizhu | rich man

砍柴 kǎn chái | to cut firewood

藤条 téngtiáo | rattan whip

古老 gǔlǎo | ancient

情人节 Qíngrén Jié | Valentine's Day

抛 pāo | to throw

绣球 xiùqiú | a ball made of strips of silk

紧密 jǐnmì | close

莫 mò | don't

练习

一、根据文章判断正误。

Tell right or wrong according to the article.

(　　) 1. 文中的"三月初三"指的是农历。

(　　) 2. 用歌会友是<u>中国</u>所有少数民族地区的习俗。

(　　) 3. 农历三月初三是<u>中华民族</u>传统的<u>上巳节</u>。

(　　) 4. <u>侗族</u>(Dòngzú) 举办的三月三歌节在<u>中国</u>西南地区最为有名。

(　　) 5. <u>刘三姐</u>是一个美丽的<u>壮族</u>女孩。

(　　) 6. 三月三歌节是<u>壮族</u>最古老的情人节。

(　　) 7. 2014年，<u>壮族</u>三月三歌节成为国家级非物质文化遗产。

二、选词填空。

Fill in the blanks with the words given below.

| A. 动人 | B. 双方 | C. 歌手 | D. 合 |
| E. 纪念 | F. 世界 | G. 传说 | H. 传播 |

1. "唱山歌，这边唱来那边_____……"

21

2. 每到山花开放的时候，<u>中国</u>西南少数民族地区就变成了歌的_____。

3. <u>壮族</u>三月三歌节的_____很多，其中传得最广的就是<u>刘三姐</u>的故事。

4. <u>刘三姐</u>经常用山歌来表达美好的生活和爱情，她的歌声_____，受到大家的喜欢。

5. 人们在三月三这一天集中在一起，用唱歌的方式来_____<u>刘三姐</u>。

6. 如果_____都觉得对方是自己喜欢的人，就会一起吃下鸡蛋和五色糯米饭，约好以后见面的时间和地点。

7. 从那时候起，每年的三月三歌节，世界各地的_____们都会来到<u>广西</u>。

8. 大家用歌声_____自己国家的传统文化，用歌声交流对不同文化的相互理解。

三、根据文章回答问题。

Answer the questions below according to the article.

1. <u>上巳节</u>有什么特色食物？
   _____

2. <u>刘三姐</u>为什么会从山上掉下去？
   _____

3. <u>壮族</u>的青年男女在三月三歌节上如何表达自己的感情？
   _____

4. 为什么<u>壮族</u>的三月三歌节会成为国家级非物质文化遗产？
   _____

5 屈原和端午节

农历五月初五，是中国传统的 端午节(Duānwǔ Jié)。端午节的很多活动都与中国伟大的文学家屈原(Qū Yuán)有关系，这是为什么呢？

在 战国(Zhànguó)时代，楚(Chǔ)国和秦(Qín)国是两个强大的国家，秦国在北方，楚国在南方，他们都想统一中国。楚国有一个文学家叫屈原，他不但知识丰富，管理国家的能力也很强。楚王很重视他，叫他老师，什么事情都会听听他的主意。

但是，楚王下面的大臣很不喜欢屈原，常常在背后说屈原的坏话，屈原每次提出的意见也都被他们反对。慢慢地，楚王越来越不信任屈原，两个人的关系也越来越差。

楚国和秦国终于发生了战争，秦国占领了楚国的八个城市。秦王派人送信给楚王说："我们想请您来秦国，商量一下国事。我们希望两个国家不要再发生战争，老百姓能够好好生活。"

屈原觉得这一定不是秦王的真实想法，赶紧告诉楚王："请不要相信秦国人的话，他们哪里愿意停止战争？这一定是他们的阴谋！请您好好想想，千万不要被骗啊！"其他大臣们马上反对："您不能听屈原的话，老百姓的生活是最重要的。屈原只是想发表跟别人不一样的意见，让老百姓更加注意他。"楚王已经不太相信屈原了，听了大臣们的话后，很生气："把屈原赶出首都，让他永远也不要回来！"

几天后，楚王出发去秦国。可是他没有想到，刚到秦国的首都，就被抓了起来。楚王这时才想起了屈原的话，大哭起来："啊！因为我当初没有听屈原的话，现在才被抓起来了。是我错了，老师，真对不起啊！"没过多久，楚王就病死了。很快，楚国的首都也被秦国占领了。

屈原听说楚王已经死了，首都也被占领了，非常伤心。他觉得自己没有成功阻止楚王，楚国发生的一切，他都有责任。因此他对着天空大喊一声，就跳进了汨罗江(Mì luó Jiāng)。

老百姓们都很热爱屈原，听说他跳进了汨罗江，都赶紧来到江边，想把屈原的尸体捞上来。可是汨罗江那么长，那么深，哪里能找到屈原的身体啊！这时，有一个人说："我们赶紧回去拿些食物给江里的鱼吃吧，这样，鱼就不会去吃屈原大人的身体了！"人们都从家里拿来了米饭和菜，用粽叶包好，放进江里。还有人把黄酒倒进江里给鱼喝。

以后，老百姓就在端午节纪念屈原。这一天的活动形式很多，内容也很丰富。不同的地区可能会有一些区别，但是吃粽子、喝黄酒是每个地区都会有的。端午节的活动就这样一年又一年地传了下来。

注释

战国 Zhànguó

The Warring States Period was a period of great change in Chinese history after the Spring and Autumn Period. Generally, the 254 years from 475 BC to 221 BC are considered as the Warring States Period.

屈原 Qū Yuán

Qu Yuan is a great patriotic poet and politician in Chinese history, the pioneer of Chinese romantic literature, the founder and representative writer of "Chuci", who has opened up the tradition of "vanilla and beauty" and is known as "the founder of Chuci".

秦王 Qín wáng

The King of Qin generally refers to the monarch of Qin during the Spring and Autumn Period and the Warring States Period. The King of Qin mentioned in the text refers specifically to Ying Si, King Huiwen of Qin.

楚王 Chǔ wáng the King of Chu

> The King of Chu was the title of the monarch of Chu during the Spring and Autumn Period and the Warring States Period. The King of Chu mentioned in the text refers specifically to Xiong Huai, the King Huai of Chu, who was detained by Qin in 299 BC and died in the State of Qin three years later.

本级词

伟大 wěidà | great

文学 wénxué | literature

关系 guānxì | relationship

时代 shídài | era

强大 qiángdà | strong

管理 guǎnlǐ | to manage

能力 nénglì | competence

强 qiáng | of a high standard, to a high degree

主意 zhǔyi | idea

下面 xiàmiàn | lower level

背后 bèihòu | behind sb's back

反对 fǎnduì | to be opposed to

慢慢 mànmàn | slowly

信任 xìnrèn | to trust

终于 zhōngyú | finally

老百姓 lǎobǎixìng | common people

好好 hǎohǎo | well, perfectly

真实 zhēnshí | real

停止 tíngzhǐ | to stop

千万 qiānwàn | (used in exhortation) be sure

只是 zhǐshì | just, merely

发表 fābiǎo | to express

注意 zhùyì | to pay attention to

首都 shǒudū | capital

当初 dāngchū | at the beginning

抓 zhuā | to grab

久 jiǔ | long

死 sǐ | to die, to be dead

成功 chénggōng | to achieve success

一切 yíqiè | all

责任 zérèn | responsibility

天空 tiānkōng | the sky

跳 tiào | to jump

热爱 rè'ài | to love ardently

区别 qūbié | distinction

超纲词

统一 tǒngyī | to unify

大臣 dàchén | minister of a monarchy

战争 zhànzhēng | war

占领 zhànlǐng | to occupy

阴谋 yīnmóu | conspire, scheme

骗 piàn | to cheat

阻止 zǔzhǐ | to prevent

声 shēng | sound

尸体 shītǐ | corpse, (dead) body

捞 lāo | to scoop up from a liquid

些 xiē | some

粽叶 zòng yè | bamboo leaves

粽子 zòngzi | traditional Chinese rice-pudding

练 习

一、根据文章判断正误。

Tell right or wrong according to the article.

(   ) 1. 端午节在农历的五月初五。

(   ) 2. 端午节是为了纪念屈原。

(   ) 3. 屈原在楚国受到了楚王和大臣的重视。

(   ) 4. 秦国在南方，楚国在北方，他们都想统一中国。

(   ) 5. 楚国和秦国发生战争以后，秦国占领了楚国的八个城市。

(   ) 6. 楚王死了以后，楚国的首都很快就被秦国占领了。

(   ) 7. 楚国的老百姓都很热爱屈原，因此想把屈原的尸体从江里捞上来。

二、选词填空。

Fill in the blanks with the words given below.

A. 时代　　　　B. 背后　　　　C. 文学　　　　D. 终于

E. 当初　　　　F. 责任　　　　G. 信任

1. 端午节的很多活动都与中国伟大的_____家屈原有关系。

2. 在战国_____，楚国和秦国是两个强大的国家。

3. 楚王下面的大臣很不喜欢屈原，常常在_____说屈原的坏话。

4. 慢慢地，楚王越来越不_____屈原，两个人的关系越来越远。

5. 楚国和秦国_____发生了战争，秦国占领了楚国的八个城市。

6. "啊！因为我_____没有听屈原的话，现在才被抓起来。"

7. 屈原觉得自己没有成功阻止楚王，楚国发生的一切，他都有_____。

三、根据文章回答问题。

Answer the questions below according to the article.

1. 屈原是谁?
   _____

2. 楚王后来为什么不信任屈原?
   _____

3. 屈原为什么反对楚王去秦国?
   _____

4. 屈原跳进汨罗江以后,老百姓做了什么?
   _____

6 白族火把节

　　白族人一年有很多传统节日，最热闹的要算火把节。每年农历六月二十五，白族各个村子都要点起大火把，男女老少举着小火把，唱歌跳舞，从下午直到晚上，再从天黑直到天亮。

　　传说在唐朝的时候，大理地区由白族人建立了 南诏 大理国（Nánzhào Dàlǐguó）。当时南诏大理国分成六个部分，也叫"六诏"，其中一个首领叫皮逻阁（Pí Luógé），他想当南诏大理国的王。他打算在农历六月二十四这天，请其他各个诏的首领到松明楼喝酒，然后放

28

火烧死他们。另一位首领的妻子柏节夫人(Bǎijiéfūrén)早就看出了皮逻阁的计划，她知道去松明楼喝酒很危险，但是皮逻阁太强大，其他首领们不得不去。

松明楼事件发生以后，其他五个诏的首领都死了，皮逻阁成为南诏大理国的王。他看见柏节夫人非常美丽，想要跟她结婚。柏节夫人不答应，皮逻阁就派了军队过来。但是柏节夫人并不害怕，她只带领了三千人，在苍山山脚下与南诏军队作战。她让大家把火把系在羊角上，羊到处乱跑，看起来好像有满山的火把。南诏军队以为柏节夫人带了上万人来，吓坏了。

但是南诏军队的力量十分强大，柏节夫人坚持到最后，武器坏了，食物也吃完了，她输了这场战争。当南诏军队进入城市的时候，柏节夫人跳进洱海(Ěr Hǎi)，结束了自己的生命。从此以后，农历六月二十五就成为白族人的火把节，这一天人们会点起成千上万的火把，纪念柏节夫人。

每年火把节到来，各个村子都要在广场的中间点一个大火把。晚上，大家穿着节日的服装在广场集中，庆祝节日。孩子们举着小火把跑着叫着，人们互相打着火把，火星儿打到谁的身上，就可以把痛苦的事情都烧干净，带来健康和幸运，带来更美好的明天。火把节结束的时候，人们会把烧过的火把带回家，放在房子外面，据说可以保平安健康。

除了白族以外，彝族(Yízú)、纳西族(Nàxīzú)等少数民族也有火把节。这些民族住在气候比较寒冷的地区，火对他们的生存有着更加重要的意义，这大概也是火把节形成的原因吧。

注释

南诏大理国　Nánzhào Dàlǐguó

Nanzhao Kingdom (738–902) and Dali Kingdom (937–1253) were set up successively in Dali, which is located northwest of the Yunnan province in the southwest of China.

白族 Báizú

The Bai ethnic group lives in southwestern China, mainly Dali of Yunnan Province, Bijie of Guizhou Province, and Hubei Province. Bai People believe that white represents dignity and high social status.

彝族 Yízú

The Yi ethnic group is mainly scattered in Yunnan, Sichuan, Guizhou and Guangxi provinces. The Yi nationality believe in many gods and worship ancestors. They have their own language and characters.

纳西族 Nàxīzú

The Naxi ethnic group is one of the Chinese nationalities. They mostly live in the Naxi Autonomous County in Lijiang, Yunnan Province, while the rest live in Sichuan Province and Xizang Autonomous Region. In the name Naxi (also spelled Nakhi), "Na" means grand and honored, and "Xi" means people.

本级词

直到 zhídào | until
由 yóu | by
建立 jiànlì | to establish
危险 wēixiǎn | dangerous
不得不 bùdébù | have no choice but to
事件 shìjiàn | event, incident
结婚 jiéhūn | to marry

害怕 hàipà | to fear
带领 dàilǐng | to lead
系 jì | to fasten
羊 yáng | sheep
看起来 kànqǐlái | to seem
力量 lìliàng | power
坚持 jiānchí | to insist

武器 wǔqì | weapon

输 shū | to lose, to be beaten

生命 shēngmìng | life

痛苦 tòngkǔ | painful

幸运 xìngyùn | luck

外面 wàimiàn | outside

保 bǎo | to bless and protect

除了 chúle | except

气候 qìhòu | climate

生存 shēngcún | existence, survival

形成 xíngchéng | to form

超纲词

火把 huǒbǎ | torch

分成 fēnchéng | to divide into

首领 shǒulǐng | leader, captain

王 wáng | king

烧 shāo | to burn

看出 kànchū | to make out, to find out

军队 jūnduì | army, military

作战 zuòzhàn | to fight with, to battle with

吓 xià | to scare

成千上万 chéngqiān-shàngwàn | tens of thousands of

寒冷 hánlěng | cold, frigid

练 习

一、根据文章判断正误。

Tell right or wrong according to the article.

( ) 1. 中国云南地区只有白族过火把节。

( ) 2. 南诏大理国最开始分成六个部分。

( ) 3. 其他首领看懂了皮逻阁的计划，但是皮逻阁太强大，所以不得不去。

( ) 4. 柏节夫人不愿意跟皮逻阁结婚。

( ) 5. 南诏军队以为柏节夫人有上万人，吓坏了，输了这场战争。

( ) 6. 白族人在农历六月二十五举行火把节，纪念柏节夫人。

( ) 7. 火把节结束后，人们会把烧过的火把带进房子里。

二、选词填空。

Fill in the blanks with the words given below.

A. 输　　　　B. 系　　　　C. 除了　　　　D. 害怕

E. 形成　　　F. 坚持　　　G. 危险　　　　H. 看起来

1. 柏节夫人早就看出了皮逻阁的计划，她知道去松明楼喝酒很_____。

2. 但是柏节夫人并不_____。

3. 柏节夫人让大家把火把_____在羊角上，羊到处乱跑，_____好像是满山的火把。

4. 柏节夫人_____到最后，武器坏了，食物也吃完了，她_____了这场战争。

5. _____白族以外，彝族、纳西族等少数民族也有火把节。

6. 这大概也是火把节_____的原因吧。

三、根据文章回答问题。

Answer the questions below according to the article.

1. 白族人怎么过火把节？
   _____

2. 皮逻阁想当南诏大理国的王，他有什么计划？
   _____

3. 为什么发生了战争？
   _____

4. 柏节夫人怎么跟南诏军队作战？
   _____

5. 火把节时，男女老少为什么互相打着火把？
   _____

7 在国外过中秋

农历八月十五是中国的传统节日——中秋节。每年的这一天，人们不论在哪里，心都和家人紧紧地连在一起。在国外工作、学习、生活的华人是怎么过中秋节的呢？

沈俐（比利时）：家乡的月亮比国外圆

今年是沈俐在国外生活的第十二年，其中十个中秋节她都是在国外过的。"有华人的地方就有中秋节，还可以买到月饼呢。"沈俐曾经在丹麦和荷兰各生活过五年，今年刚刚搬到比利时。沈俐说，每到中秋，当地华人都会一起过节。有意思的是，大家还会到华人开的超市做月饼，外国朋友也会一起参加中秋节的活动，"中外合作"做月饼十分欢乐。

有几年，沈俐也忘了过中秋节。"可能是因为国外的月亮没有家乡的圆吧。"沈俐开玩笑说。在沈俐的印象中，家乡中秋节的月亮是最圆的。

艾米（英国）：这儿的月饼又贵又少

2010年，艾米留学英国，今年已经是第四年在国外过中秋节了。中秋节怎么过，艾米早已做好了安排。她打算在中秋节前一个周末，约上一群中国朋友一起吃饭。"中午就买好材料，然后亲自做几道家乡菜，大家可以一起大吃一顿，这对国外华人来说已经非常幸福了。"艾米告诉记者。

除了中国菜，中秋节不可缺少的还有月饼。上个月，艾米的妈妈到英国看她时带了八个中国生产的月饼。可是中秋节还没到，艾米就把它们全部吃完了。中秋节那天，艾米打算再去家旁边的中国超市买几个月饼，不过，"英国的月饼是中国香港、澳门生产的，比较贵，而且品种很少"。

苏颖（法国）：还是想吃家乡菜

2011年，苏颖在美国纽约结婚，第二年在澳大利亚生了第一个孩子。每年的中秋节，苏颖一家都要去不同的国家过节、吃各种美食。

"今年的中秋节我们一家人是在法国一个小城市过的。"苏颖告诉记者，那里很少能见到亚洲人，没什么中秋节的感觉。但是前几年在巴黎、洛杉矶、悉尼和伦敦等大城市就不一样了，当地的中国饭馆都挂上彩灯，特别漂亮。很多当地人都很喜欢中国的节日，也都很尊重中国的传统文化。

在国外头两年，苏颖还很想家，但是现在她也慢慢习惯了。苏颖对记者说，虽然已经习惯了国外的生活，但是最不适应的还是中秋节吃不到家乡的菜。

梁玉凤（泰国）：到处都能买到月饼

"又是一年中秋，朋友们都在网上发月饼的照片，我们这些不在家的孩子……"这是梁玉凤在网上说的话。在一所泰国小学担任教师志愿者三个月后，她留在那儿当了一名中文教师。

前几天，梁玉凤带着班上的孩子们给国内的亲人朋友送祝福。梁玉凤说，在泰国，中秋节并不放假，但在泰国的华人十分重视中秋节。在班上，差不多所有的华人孩子都会请假回家过节。还有一些传统的家庭，家里的老人会自己做月饼，送到班里让孩子们一起吃。

　　梁玉凤打算下班之后，约上几个华人朋友一起吃饭、吃月饼。泰国的华人过节想吃月饼并不难，"到处都可以买到，"梁玉凤说，"泰国华人很多，所以市场上月饼也很多。"但是她觉得："月饼可以买到，但和家人一起吃月饼的心情是买不到的。"

注释

月饼 yuèbǐng

Moon cakes are one of the traditional delicacies of Chinese people. Eating moon cakes and appreciating the moon on the Mid-Autumn Festival is an indispensable custom in China.

本级词

心 xīn | heart

连 lián | to connect

华人 huárén | Chinese people

家乡 jiāxiāng | hometown

曾经 céngjīng | once

合作 hézuò | to cooperate

印象 yìnxiàng | impression

留学 liúxué | to study abroad

早已 zǎoyǐ | long ago, for a long time

安排 ānpái | arrangement

群 qún | group

亲自 qīnzì | personally, in person

顿 dùn | (measure word for a meal)

缺少 quēshǎo | to lack

生产 shēngchǎn | to produce

比较 bǐjiào | fairly

各种 gèzhǒng | all kinds of

头 tóu | first

适应 shìyìng | to adapt to

所 suǒ | (measure word for schools, hospitals)

志愿者 zhìyuànzhě | volunteer

者 zhě | (used after a noun phrase to indicate a person doing the stated work)

国内 guónèi | domestic

超纲词

紧紧 jǐnjǐn | firmly

中外 zhōngwài | China and foreign countries

材料 cáiliào | material

品种 pǐnzhǒng | variety

过节 guò jié | to celebrate festivities

彩灯 cǎidēng | colored lantern or lamp

尊重 zūnzhòng | to respect

担任 dānrèn | to hold the post of

练 习

一、根据文章判断正误。

Tell right or wrong according to the article.

(　　) 1. 农历八月十五是中秋节。

(　　) 2. 沈俐曾经在丹麦和荷兰生活，现在搬到了比利时。

(　　) 3. 今年是艾米第四年在法国过中秋节了。

(　　) 4. 英国的月饼是中国生产的，比较便宜，而且品种很多。

(　　) 5. 苏颖的第一个孩子是在澳大利亚出生的。

(　　) 6. 泰国华人很多，所以市场上的月饼也很多。

(　　) 7. 梁玉凤现在是泰国的一名中文教师。

二、选词填空。

Fill in the blanks with the words given below.

A. 曾经　　　B. 华人　　　C. 群　　　D. 连

E. 并　　　　F. 亲自　　　G. 所　　　H. 头

37

1. 每年的这一天，人们不论在哪里，心都和家人紧紧地_____在一起。

2. 在国外工作、学习、生活的_____是怎么过中秋节的呢？

3. 沈俐_____在丹麦和荷兰各生活过五年，今年刚刚搬到比利时。

4. 她打算在中秋节前一个周末，约上一_____中国朋友一起吃饭。

5. 在国外_____两年，苏颖还很想家，但是现在她也慢慢习惯了。

6. 梁玉凤在一_____泰国小学担任教师志愿者。

7. 梁玉凤说，在泰国，中秋节_____不放假。

8. 中午就开始买好材料，然后_____做一两道家乡菜，大家可以一起大吃一顿。

三、根据文章回答问题。

Answer the questions below according to the article.

1. 沈俐在国外生活的十二年是如何过中秋节的？
   _____

2. 在艾米眼中，要想在英国过一个幸福的中秋节，她可以怎么做？
   _____

3. "在国外头两年，苏颖还很想家，但是现在她也慢慢习惯了"，这句话中"头两年"的"头"是什么意思？
   _____

4. 在泰国的华人是如何过中秋节的？
   _____

8 哈尼族的新米节

每年农历八月稻谷成熟的时候,哈尼族(Hānízú)要过他们最重要的节日——新米节(Xīnmǐ Jié)。哈尼族是中国的一个少数民族,大部分住在中国西南部的云南省。

新米节是哈尼族的传统节日,没有确定的日期,一般是农历八月的第二个龙日。"龙"在哈尼语里表示"越来越多",哈尼族希望在龙日吃了新米,喝了新米酒,明年就可以丰收,日子就会越过越好。

每年到了这天，早上天还没有亮，大家就起床了，到田里找到长得最好的稻谷，包好以后挂在田里，庆祝今年的丰收。他们还要带一些稻谷回家，晚上用这些稻谷做成新米饭。人们在晚饭前先用新米饭祭祀祖先，让祖先保平安。然后让狗吃新米饭，狗吃完了，大家才能一起吃饭喝酒。

为什么先给狗吃呢？传说很久以前，哈尼族住的地方发生了一场大洪水，稻谷也被大水冲走了。水退了以后，一只小鸟发现了一把稻谷，正想吃，一只小狗跑了过来，把小鸟赶走了。小狗把稻谷还给了哈尼族人，人们才能重新种稻。为了纪念重得稻谷，也为了感谢带来稻谷的小狗，哈尼族就在每年稻谷成熟的时候，把第一碗新米饭给狗吃。

新米节是哈尼族庆祝丰收，感谢自然的节日。这天，每个家庭都很忙。大家一早就起床了，忙着打扫卫生、准备好菜，请亲人朋友一起过节。河里的鱼，地里的菜，当然不能少了新米饭，还有又香又甜的新米酒。晚上，大家围着火，一边吃着新米饭，一边唱歌跳舞，热热闹闹地过新米节。庆祝活动一般要持续整个晚上，直到第二天天快亮了，才会结束。

现在，哈尼族的生活水平不断提高。新米节的时候，除了传统活动以外，人们还会举办各种跟农业知识相关的精彩比赛。新米节不仅是庆祝丰收的节日，也是哈尼族总结农业经验、交流感情的节日，体现了哈尼族保护自然、感谢自然的精神。

注释

哈尼族 Hānízú

The Hani ethnic group is one of the minorities in Yunnan Province. They are mainly live in the valleys between the Yuanjiang and Lancang rivers, that is the vast area between the Ailao and Mengle mountains in southern Yunnan Province.

本级词

米 mǐ | rice
成熟 chéngshú | mature
南部 nánbù | southern part
确定 quèdìng | definite
龙 lóng | dragon
退 tuì | to move back, to quit
把 bǎ | measure word for grain
重 chóng | re-, once more
卫生 wèishēng | hygiene
当然 dāngrán | of course
香 xiāng | fragrant
甜 tián | sweet

持续 chíxù | to last, to continue
整个 zhěnggè | whole
不断 búduàn | constantly
农业 nóngyè | agriculture
相关 xiāngguān | to be related to
精彩 jīngcǎi | marvellous
比赛 bǐsài | match, competition
不仅 bùjǐn | not only
总结 zǒngjié | to sum up
经验 jīngyàn | experience
体现 tǐxiàn | to reflect
精神 jīngshén | spirit

超纲词

稻谷 dàogǔ | unhusked rice
洪水 hóngshuǐ | flood

冲 chōng | to wash, to flush
打扫 dǎsǎo | to clean

练 习

一、根据文章判断正误。

Tell right or wrong according to the article.

（   ）1. 哈尼族大部分住在中国西南部的云南省，是中国的一个少数民族。

（   ）2. 每年农历八月二日是哈尼族的新米节。

（   ）3. "龙"在哈尼族的语言里是"越来越多"的意思。

（   ）4. 新米饭做好后，人们先吃，然后让狗吃。

41

（   ）5. 哈尼族为了感谢带来稻谷的小狗，把第一碗新米饭给狗吃。

（   ）6. 新米节早上开始，晚上结束。

（   ）7. 现在哈尼族的生活水平提高了，已经不再举办传统活动了。

二、选词填空。

Fill in the blanks with the words given below.

A. 相关　　　　B. 精神　　　　C. 不仅　　　　D. 不断

E. 确定　　　　F. 持续　　　　G. 成熟　　　　H. 卫生

1. 每年农历八月稻谷_____的时候，哈尼族要过他们最重要的节日——新米节。

2. 新米节是哈尼族的传统节日，没有_____的日期，一般是八月的第二个龙日。

3. 大家一早就起床了，忙着打扫_____、准备好菜，请亲人朋友一起过节。

4. 庆祝活动一般要_____整个晚上，直到第二天天快亮了，才会结束。

5. 现在，哈尼族的生活水平_____提高。

6. 新米节的时候，除了传统活动以外，人们还会举办各种跟农业知识_____的精彩比赛。

7. 新米节_____是庆祝丰收的节日，也是哈尼族总结农业经验、交流感情的节日。

8. 新米节体现了哈尼族保护自然、感谢自然的_____。

三、根据文章回答问题。

Answer the questions below according to the article.

1. 新米节每年什么时候举行？为什么？

_____

2. 哈尼族用什么做成新米饭?
___

3. 哈尼族为什么把第一碗新米饭先给狗吃?
___

4. 哈尼族怎么庆祝新米节?
___

5. 新米节有什么重要意义?
___

9 九九重阳节

农历九月初九 重阳(Chóngyáng) 节是中国的传统节日，又叫敬老节(Jìnglǎo Jié)。"九"跟"久"同音，因此有"长寿"的意思，九九重阳节代表了人们对老人健康长寿的美好愿望。这一天，离开家的子女们都要回家看看父母，向父母表示尊敬和关心。一家人还要爬到高高的山上，一边看秋天的景色，一边喝菊花酒，和老人一起过节。

说起重阳节，还有一个动人的故事。

从前，有一个国家的国王认为老人不能工作，每天还要吃饭，实在浪费食物，所以不准国中有老人。要是谁家里有老人，都必须赶出去。有个大臣觉得父亲已经一把年纪了，怎么能一个人在外面生活呢？他就在家里建了一个地下室，让父亲住在里面，不让别人发现。

有一天，这个国家出了一件事。另外一个国家送来一封非常重要的信，但是国王身边没有人认识这封信上的文字。国王急得到处找能读信的人，并且答应，只要有人认识这种文字，不论他提出什么要求，国王都会同意。那位大臣的父亲正好能看懂这种文字。在父亲的指导下，大臣向国王说明了这封信的内容，解决了问题。

国王很高兴，向这位大臣表示感谢："如果不是你认识这种文字，我们国家可能产生外交事件呢，你的能力对国家太重要了。"

大臣回答："这不是我的能力。"

国王觉得很奇怪："不是你，那么到底是谁呢？"

大臣很害怕，就说："大王！请您答应原谅我的错误，我才敢说出真实的情况。"

国王同意了。大臣就把父亲在地下室生活的事情告诉了国王，并表示是父亲有认识那种文字的能力。

国王听了大臣的话，认识到了自己以前的错误。他说："以前是我做错了，我没有看到老人的经验和能力。你的父亲这次帮了大忙啊！"

从那以后，这个国家规定全国人民都要尊敬、关心老人。被赶出去的老人都回到了家里，有经验、有能力的老人能继续为国家出力，这个国家变得越来越强大了。

中国人有句话："家有一老，如有一宝。"如果对家里的老人不尊敬，不关心、不照顾他们，是很不应该的。1989年，农历九月初九正式成为中国的"敬老节"。每年的这一天，很多城市都会举办各种各样的演出和活动。每个人都会老，每一位老人都应该得到好的照顾。

本级词

愿望 yuànwàng | desire, wish

子女 zǐnǚ | sons and daughters, children

从前 cóngqián | before, once upon a time

浪费 làngfèi | to waste

准 zhǔn | to allow

要是 yàoshi | if

年纪 niánjì | age

建 jiàn | to build

里面 lǐmiàn | inside

另外 lìngwài | other, another

文字 wénzì | written words, characters

同意 tóngyì | to agree

指导 zhǐdǎo | guidance

解决 jiějué | to solve

产生 chǎnshēng | to produce, to bring about

外交 wàijiāo | diplomacy, foreign affairs

奇怪 qíguài | strange

到底 dàodǐ | on earth

错误 cuòwù | error, mistake

敢 gǎn | to dare

情况 qíngkuàng | situation

人民 rénmín | the people

继续 jìxù | to continue

力 lì | strength, ability

正式 zhèngshì | formal

演出 yǎnchū | show, performance

超纲词

长寿 chángshòu | long-lived

尊敬 zūnjìng | to respect and admire

菊花 júhuā | chrysanthemum

国王 guówáng | king

地下室 dìxiàshì | basement

原谅 yuánliàng | to forgive

如 rú | to comply with, to be like

宝 bǎo | treasure

各种各样 gèzhǒng-gèyàng | all kinds of, various

练 习

一、根据文章判断正误。

Tell right or wrong according to the article.

( ) 1. 九九重阳节表达了人们对老师的尊敬。

( ) 2. 重阳节这一天，人们会爬到山上，一边看秋天的景色，一边喝菊花酒。

( ) 3. 大臣把父亲藏在地下室，不让别人发现。

( ) 4. 大臣的父亲向国王说明了这封信的内容，解决了问题。

( ) 5. 听了大臣的话，国王认识到了自己以前的错误。

( ) 6. 全国的人都尊敬、关心老人，从那以后，这个国家变得越来越强大了。

( ) 7. "家有一老，如有一宝"的意思是对老人不尊敬、不关心。

二、选词填空。

Fill in the blanks with the words given below.

A. 敢　　　　　B. 正式　　　　C. 仍然　　　　D. 愿望

E. 同意　　　　F. 浪费　　　　G. 解决　　　　H. 要是

1. 九九重阳节代表了人们对老人健康长寿的美好_____。

2. 国王认为老人不能工作，每天还要吃饭，实在_____食物。

3. _____谁家里有老人，都必须赶出去。

4. 只要有人认识这种文字，不论他提出什么要求，国王都会_____。

5. 在父亲的指导下，大臣向国王说明了这封信的内容，_____了问题。

6. "请您答应原谅我的错误，我才_____说出真实的情况。"

47

7. 被赶出去的老人都回到了家里，有经验、有能力的老人＿＿＿＿＿能继续为国家出力。

8. 1989年，农历九月初九＿＿＿＿＿成为中国的"敬老节"。

三、根据文章回答问题。

Answer the questions below according to the article.

1. 九月初九重阳节为什么又叫"敬老节"？
_____

2. 人们怎么过重阳节？
_____

3. 在故事中，国王为什么不准国中有老人？
_____

4. 国王是怎么认识到自己以前的错误的？
_____

5. "家有一老，如有一宝"是什么意思？
_____

10 冬至为什么吃饺子？

冬至是每年12月21日到23日中的一天，是中华民族的一个传统节日。这天，中国北方很多地区都要吃饺子。可是为什么要吃饺子呢？这就要从中国古代有名的医学家 张 仲景 说起了。
Zhāng Zhòngjǐng

有一年冬天特别冷，很多人生了病。张仲景整天忙着到处给人看病，没空休息。有一天又下起了大雪，寒冷的北风吹着，让人冷得受不了。张仲景看完病人回家，在路上突然碰到了一群人。一看就知道他们看起来生活困难，没有足够的

49

衣服穿，耳朵都冻得红红的，有的人耳朵已经被冻伤了。

回到家里，张仲景总是想起在路上看见的那群人，心里感到很难过，他想用自己的力量帮助他们。他买了很多羊肉、辣椒和中药。冬至那天，张仲景带领自己的学生，在一块空地上架起一口大铁锅，把羊肉、辣椒和中药一起放进锅里煮。煮好以后，把东西倒出来，切得小小的，再用面皮包住，做成耳朵的样子，最后再放到水里煮熟。因为这种食物长得像耳朵，并且可以治好人们冻伤的耳朵，张仲景就叫它"娇耳（Jiāo'ěr）"。

娇耳煮好以后，看上去又香又好吃，很多人都来了。张仲景让学生分给每个人一大碗汤，两个娇耳。人们吃下娇耳，喝下汤，只觉得全身暖和极了，耳朵也热起来了，马上就不冷了，好像喝了热酒一样。大家都十分感谢张仲景。更让大家没想到的是，冻伤的耳朵不久就好了。

后来，每年到了冬至，人们都会按张仲景的办法做娇耳汤。娇耳也慢慢变成了今天人们常说的饺子。饺子不但有营养，对预防感冒、冻伤等也很有效。人们说，只要吃了冬至的饺子，冬天就不会冻伤耳朵了。

冬至是一年中白天最短的一天。冬至到了，代表中国大部分地区都进入了一年中最冷的时候。过去生活条件差，如何过冬是古代人生活中的大事情。衣服要穿得舒服暖和，吃东西也要注意多吃能补充热量的食品。

冬至这天，除了北方很多地区吃饺子以外，中国西部的四川地区要吃羊肉汤，东部地区的一些地方要喝黄酒。据说，还有一些地方的人会互相送鞋子。不论羊肉汤、黄酒，还是鞋子，都有保暖的功能。北方人冬至吃饺子，一方面是为了纪念张仲景；另一方面也是为了保暖，防止在寒冷的冬天生病。

本级词

整天 zhěngtiān | all day

突然 tūrán | suddenly

困难 kùnnan | financially difficult

足够 zúgòu | enough

伤 shāng | to hurt, to injure

总是 zǒngshì | always

铁 tiě | iron

放到 fàngdào | to put to

看上去 kàn shàngqù | it looks like

汤 tāng | soup

暖和 nuǎnhuo | warm

…极了 …jí le | extremely

按 àn | according to

营养 yíngyǎng | nutrition

预防 yùfáng | to prevent

感冒 gǎnmào | cold, influenza

有效 yǒuxiào | effective, valid

如何 rúhé | how

补充 bǔchōng | to supply

食品 shípǐn | food

西部 xībù | the west

功能 gōngnéng | function

一方面 yìfāngmiàn | on one hand

另一方面 lìng yìfāngmiàn | on the other hand

防止 fángzhǐ | to prevent, to avoid

超纲词

医学家 yīxuéjiā | medical scientist

寒冷 hánlěng | frigid, freezing

受不了 shòubuliǎo | be unable to endure, cannot bear/stand

耳朵 ěrduo | ear

冻 dòng | freezing

辣椒 làjiāo | pepper

中药 zhōngyào | traditional Chinese medicine

空地 kòngdì | open space, vacant space

锅 guō | pot

煮 zhǔ | to boil

切 qiē | to cut

治 zhì | to heal

热量 rèliàng | heat quantity, calory

保暖 bǎonuǎn | to keep warm

练 习

一、根据文章判断正误。

Tell right or wrong according to the article.

(　　) 1. 冬至是中国的传统节日，各个地区都要吃饺子。

(　　) 2. 冬至吃饺子的习惯跟医学家张仲景有关。

(　　) 3. 张仲景在去看病人的路上碰到了一群耳朵被冻伤的人。

(　　) 4. 娇耳是用面皮包住羊肉、辣椒和中药做成的。

(　　) 5. 现在的饺子是由娇耳慢慢变来的。

(　　) 6. 冬至是一年中白天最长的一天。

(　　) 7. 冬至到了，代表整个世界都进入了一年中最冷的时候。

二、选词填空。

Fill in the blanks with the words given below.

A. 另一方面　　B. 一方面　　C. 有效　　D. 看上去

E. 如何　　　　F. 足够　　　G. 突然　　H. 极了

1. 张仲景看完病人回家，在路上_____碰到了一群人。

2. 他们看起来生活困难，没有_____的衣服穿，耳朵都冻得红红的。

3. 娇耳汤煮好以后，_____又香又好吃。

4. 人们吃下娇耳，喝下汤，只觉得全身暖和_____。

5. 饺子不但有营养，对预防感冒、冻伤等也很_____。

6. 过去生活条件差，_____过冬是古代人生活中的大事情。

7. 北方人冬至吃饺子，_____是为了纪念张仲景，_____也是为了保暖，防止在寒冷的冬天生病。

三、根据文章回答问题。

Answer the questions below according to the article.

1. 张仲景在回家的路上碰到了一群什么样的人？
_____

2. 娇耳汤怎么做？为什么叫娇耳汤？
_____

3. 娇耳汤有什么作用？
_____

4. 你能说一说中国各个地区是怎么过冬至的吗？
_____

5. 北方人冬至为什么吃饺子？
_____

11 一碗腊八粥

  2018年1月24日，农历十二月初八，将近凌晨一点，杭州的李大妈就出门了。她早早地来到灵隐寺（Língyǐn Sì），排队等着领一碗甜甜的腊八粥。

  记者问李大妈，这么早起来，只是为了领一碗粥，值得吗？李大妈说："怎么会不值得呢！其实我年纪大了，也吃不了多少，主要还是想带给家里的孩子们，一人只喝一口也好，希望新年全家平安、身体健康。"很快，李大妈的后面形成了长长的一支队伍，基本上都是中老年人。大家都像李大妈一样，希望把腊八粥所代表的健康和幸福更多地带给家人。

每年农历十二月初八是腊八节（Làbā Jié），这天要喝腊八粥。中国人喝腊八粥已经有上千年的历史了。腊八粥的材料很丰富，有大米、小米、黑米、花生、葡萄干等，还有各种颜色的豆类。做腊八粥的时候，要用小火慢慢熬，时间越长，味道越香。腊八粥颜色美丽，味道香甜，营养丰富，很受人们的欢迎。

大米、干果、蔬菜，腊八粥的材料那么丰富，差不多是一年中每个季节的收获。制作腊八粥是向大自然表示感谢，人们通过喝腊八粥，希望明年收获更好。古代的时候，人们做好了腊八粥，还要送给别人。你家送过来，我家送过去，送粥的人要热情地请对方喝一碗粥，接受的人也要笑着表示感谢。喝完一碗粥，亲人、朋友的感情就更深了。有的家庭在这一天会做很多腊八粥，送给老人、穷人、没有家的人。在冬天喝一碗热热的粥，温暖了身体，也温暖了内心。对送粥的人来说，这也是表示感谢的另外一种方式吧。

正是为了感谢社会，每年腊八节，杭州灵隐寺都会免费送粥，从农历十二月初一一直到初八，每年都要送出三十多万份，预计以后这个数字还会上升。为了确保腊八粥的数量足够，参加活动的志愿者要提前一个月集中起来，按具体的任务进行分组，共同准备制作腊八粥。"今天，已经不是吃不饱的时代，一碗腊八粥实际上也不值多少钱，但是送腊八粥的意义从来没有改变过。"一位志愿者的负责人指出。目前，灵隐寺腊八粥已经是浙江省非物质文化遗产了。

中国人说，"过了腊八就是年"，喝完甜甜的腊八粥，充满幸福的新的一年也就要到了。

注释

灵隐寺 Língyǐn Sì

The Lingyin Temple was built in the Eastern Jin Dynasty (326 AD), and has a history of about 1,700 years. It is the oldest and most famous temple in Hangzhou, Zhejiang Province.

腊八粥 làbāzhōu

Laba porridge is a kind of porridge with various types of nuts and dried fruit. Drinking Laba porridge is the custom of Laba Festival. People also cook and distribute such porridge in their neighborhood with the hope of staying healthy in cold winter. The traditional ingredients of Laba porridge include rice, millet, barley, red dates, lotus seeds, peanuts, longans and various beans (such as red beans, mung beans, soybeans, black beans, kidney beans, etc.).

本级词

将近 jiāngjìn | be close to, almost
领 lǐng | to go and get
值得 zhídé | to be worth
其实 qíshí | actually
后面 hòumiàn | at the back
支 zhī | (measure word for queues, troops, fleets etc.)
基本上 jīběnshàng | basically
类 lèi | kind, type
受 shòu | to be given
制作 zhìzuò | to boil, to make
内心 nèixīn | innermost being
预计 yùjì | to predict

上升 shàngshēng | to rise
确保 quèbǎo | to ensure
数量 shùliàng | quantity
提前 tíqián | in advance
具体 jùtǐ | specific
任务 rènwu | task
分组 fēn zǔ | to divide into groups
共同 gòngtóng | together
实际上 shíjìshàng | in fact
值 zhí | to be worth
从来 cónglái | at all times
指出 zhǐchū | to point out
目前 mùqián | at present

超纲词

粥 zhōu | porridge
凌晨 língchén | before dawn
队伍 duìwu | queue
大米 dàmǐ | (husked) rice
小米 xiǎomǐ | millet
黑米 hēimǐ | black rice
花生 huāshēng | peanut
葡萄干 pútaogān | raisin

熬 áo | to boil
干果 gānguǒ | dried fruit
蔬菜 shūcài | vegetables
季节 jìjié | season
收获 shōuhuò | harvest
穷人 qióngrén | the poor
负责人 fùzérén | person in charge

练 习

一、根据文章判断正误。

Tell right or wrong according to the article.

（   ）1. 农历十二月初八是腊八节。

（   ）2. 李大妈去灵隐寺排队是为了领腊八粥。

（   ）3. 和李大妈一起排队领粥的人，基本上都是一些中老年人。

（   ）4. 中国人吃腊八粥已经有上百年的历史了。

（   ）5. 做腊八粥的时候，要持续用大火熬。

（   ）6. 每年腊八节，杭州灵隐寺都会免费送粥。

（   ）7. 灵隐寺腊八粥已经是国家级非物质文化遗产了。

二、选词填空。

Fill in the blanks with the words given below.

A. 后面　　　　B. 类　　　　C. 将近　　　　D. 值得

E. 其实　　　　F. 提前　　　G. 实际上　　　H. 内心

1. _____ 凌晨一点，杭州的李大妈早早地来到灵隐寺，排队等着领一碗甜甜的腊八粥。

2. 记者问李大妈，这么早起来，只是为了领一碗粥，_____ 吗？

3. "_____ 我年纪大了，也吃不了多少，主要还是想带给家里的孩子们。"

4. 很快，李大妈的 _____ 形成了长长的一支队伍。

5. 腊八粥的材料很丰富，有大米、小米、黑米、花生、葡萄干等，还有各种颜色的豆 _____。

57

6. 在冬天喝一碗热热的粥，温暖了身体，也温暖了_____。

7. 为了确保腊八粥的数量足够，参加活动的志愿者要_____一个月集中起来，按具体的任务进行分组，共同准备制作腊八粥。

8. 今天，已经不是吃不饱的时代，一碗腊八粥_____也不值多少钱，但是送腊八粥的意义从来没有改变过。

三、根据文章回答问题。

Answer the questions below according to the article.

1. 为什么去杭州灵隐寺排队领粥的以中老年人为主？
   _____

2. 记者为什么会问李大妈排队"值得吗"？
   _____

3. 制作腊八粥的材料有什么特点？
   _____

4. 在你看来，杭州灵隐寺为什么要免费送粥？
   _____

12 你家孩子有<u>对象</u>了吗？

　　<u>万松书院</u>在<u>杭州</u> <u>西湖</u>南边的一座小山上，面对着美丽的<u>西湖</u>。这里以前是一座<u>寺庙</u>，后来改成了<u>万松书院</u>。这里有当时<u>中国</u>最好的老师，也出了很多有名的学生。
　　<u>万松书院</u>变得有名，大概跟 <u>梁 山伯</u>(Liáng Shānbó)和<u>祝 英台</u>(Zhù Yīngtái)的爱情故事有关系。传说，<u>梁山伯</u>和<u>祝英台</u>在<u>万松书院</u>认识，他们一起学习、生活了三年。<u>祝英台</u>离开书院的时候，向<u>梁山伯</u>告别，并且表达了她的心意。不久，<u>梁山伯</u>到<u>祝英台</u>的家里<u>提亲</u>，但是<u>祝英台</u>的父母觉得他没有<u>地位</u>，也没有钱，<u>拒绝</u>了他。<u>梁山伯</u>回家以后，又伤心又生气，很快得了重病死了。<u>祝英台</u>知道这个消息以后，在<u>梁山伯</u>的

坟墓前大哭，突然天空亮起一道闪电，下起了大雨，梁山伯的坟墓裂开了。祝英台想都没想，就跳了进去，坟墓又合了起来。过了一会儿，雨停了，从坟墓中飞出了一对美丽的蝴蝶。

正因为这个故事，万松书院也被称为"梁祝书院"，慢慢成为了杭州最有名的相亲角。相亲角每周六上午定期开放，调查显示，每年大约有几十万人在万松书院相亲。有意思的是，来相亲的不是年轻人，是他们的爸爸妈妈、爷爷奶奶。在相亲角，我们到处可以听见这个问题："你家孩子有对象了吗？"

王大妈已经连续三个月每周六都来这里为女儿找合适的相亲对象。有一些男生的条件确实很不错，王大妈也向他们的父母要了联系方式，但没有一个跟她女儿有进一步的发展。

王大妈说，现在不像以前，以前只要两家家长互相认可、双方觉得性格合适，就可以准备结婚了。现在家长给孩子找了相亲对象，可是孩子总是不愿意好好儿相处。

中国传统思想强调家庭观念，儿女结婚，得到父母的同意，也就是得到祝福。来相亲的家长心里都有一个标准，他们会全面评价对方的年纪、工作、收入、家庭等，选出最合适的相亲对象。家长在替孩子相亲的时候，也很重视孩子的想法和感受。他们希望找到一个能够让孩子幸福、跟孩子走完一生的人。

张大爷是非常幸运的，他只来一次万松书院就为儿子找到了对象。他说相亲角里条件不错的女生太多了，有时候选择太多也不好。张大爷说："我就告诉儿子，要是喜欢一个人，就要负起责任，不能变心。"

现在，年轻人工作忙、压力大，工作了几年才突然发现身边的朋友都结婚了。很多年轻人也很怀念父母那个年代，找到一个爱人一起慢慢变老，这难道不是世界上最浪漫的事吗？这可能也是父母为子女去相亲角找对象的动力吧。

注释

相亲 xiāngqīn

In ancient times parents use matchmakers as mediators when setting up marriages for their children. The man's side would let the matchmaker visit the girl's family to confirm each other's stance. It is called "xiangqin" (to confirm attitudes). Nowadays, it means blind date. Young people have more freedom. However, many parents gather together in parks to choose suitable objects for their children's marriage. They bring information about their children, play the role of matchmaker and try to arrange blind dates for their children.

本级词

对象 duìxiàng | boyfriend/girlfriend

面对 miànduì | to face

告别 gàobié | to bid farewell to

消息 xiāoxi | news, information

称为 chēngwéi | to be called, to be known as

定期 dìngqī | at regular intervals

开放 kāifàng | to open

调查 diàochá | investigation

显示 xiǎnshì | to show, to display

连续 liánxù | successive, continuous

确实 quèshí | truly, indeed

联系 liánxì | contact

进一步 jìnyíbù | further

发展 fāzhǎn | development

认可 rènkě | to approve

性格 xìnggé | character, personality

思想 sīxiǎng | thought, ideology

强调 qiángdiào | to emphasize

观念 guānniàn | concept

标准 biāozhǔn | standard

全面 quánmiàn | comprehensive

评价 píngjià | to evaluate

压力 yālì | pressure

年代 niándài | age, years

难道 nándào | could it be said that (used in rhetorical questions)

动力 dònglì | motive power

超纲词

寺庙 sìmiào | temple

心意 xīnyì | kindly feeling, intention

提亲 tíqīn | to propose a marriage, proposal

地位 dìwèi | status

拒绝 jùjué | to refuse

坟墓 fénmù | grave, tomb

闪电 shǎndiàn | lightning

裂 liè | to crack

蝴蝶 húdié | butterfly

相处 xiāngchǔ | to get along

替 tì | for

选择 xuǎnzé | to choose; choice

浪漫 làngmàn | romantic

练 习

一、根据文章判断正误。

Tell right or wrong according to the article.

（　　）1. 万松书院在杭州西湖的西边，面对着美丽的西湖。

（　　）2. 万松书院原来不是书院，是一座寺庙。

（　　）3. 梁山伯的父母觉得祝英台没有地位，也没有钱。

（　　）4. 梁山伯和祝英台最后都变成了美丽的蝴蝶。

（　　）5. 现在很多父母来万松书院替子女相亲。

（　　）6. 现在只要两家家长互相认可、双方性格合适，就可以准备结婚了。

（　　）7. 家长重视相亲对象的年纪、工作、收入、家庭，其他条件都不重要。

二、选词填空。

Fill in the blanks with the words given below.

A. 定期　　　B. 强调　　　C. 显示　　　D. 评价

E. 难道　　　F. 告别　　　G. 压力　　　H. 连续

1. 祝英台离开书院的时候，向梁山伯_____，并且表达了她的心意。
2. 相亲角每周六上午_____举行。
3. 调查_____，每年大约有几十万人在万松书院相亲。
4. 王大妈已经_____三个月每周六都来这里为女儿找合适的相亲对象。
5. 中国传统思想_____家庭观念，儿女结婚，得到父母的同意，也就是得到祝福。
6. 他们会全面_____对方的年纪、工作、收入、家庭等，选出最合适的相亲对象。
7. 现在，年轻人工作忙，_____大，几年过去才突然发现身边的朋友都结婚了。
8. 找到一个爱人一起慢慢变老，这_____不是世界上最浪漫的事吗？

三、根据文章回答问题。

Answer the questions below according to the article.

1. 万松书院在哪儿？
   _____

2. 祝英台的父母为什么不同意女儿跟梁山伯结婚？
   _____

3. 梁山伯和祝英台最后在一起了吗？
   _____

4. 现在家长怎么替孩子相亲？他们重视什么？
   _____

5. 为什么有些年轻人找对象很难？
   _____

13 查干湖冬捕

从我记事的时候开始，查干湖(Chágān Hú)上的冬捕就没有停止过。每年冬天最冷的时候，村子里的人就要开始准备冬捕了。这两年，冬捕越来越有名，每年都有记者来报道，连国外的许多媒体都关注了。

我爷爷、我爸爸都做过冬捕的"鱼把头(yúbǎtóu)"。我从小就想跟着他们一起冬捕，刚开始爷爷不让，怕有危险。过去的冬捕跟现在不一样，设备太老太旧，捕鱼捕得少，很多人不想干。可是我喜欢，觉得适合我，没几年，我就成了鱼把头。

东北这地方，那是相当冷，冬天往往能冷到零下四十度，整个查干湖上有一层厚厚的冰。我们一般早上四点多就出发了，到查干湖后，把桌子搬出来，再把各种食品放到桌子上，这些都是为查干湖的湖神和天父地母准备的。虽然时代不一样了，但是冬捕仪式一样也不能少。我爷爷以前主持过，带领冬捕人唱过歌儿。前一天晚上，爷爷就准备好了，他已经主持过很多年了，但每次还是紧张，因为不能出一点儿错。这是保冬捕人平安和丰收的，还有什么比这个更加重要呢？受爷爷影响，我对冬捕仪式也很重视。

查干湖那么大，怎么知道冰底下的鱼多不多呢？得好好观察，得靠经验。鱼多的地方，水会动，冰上的雪就会比周围高一点点。还得会看冰的颜色、听水的声音，通过这些来确定在哪儿开冰眼。反正，干冬捕的人头几年不懂这门技术，跟在师傅后面多看看，多学习，慢慢也就知道了。

冬捕时候的心情怎么样？很复杂。好像一直在等待一个重要的结果，特别紧张，直到把鱼拉上来的时候，千万条鱼跳出湖面，紧张就消失了，只有高兴，天大的高兴。你还会发现，现场那么多观众，几百个人，几千个人，本来静静的，立刻热闹起来，每个人都那么高兴。

　　查干湖自然环境保护得好，冬捕年年丰收。近几年用的都是大网，抓大鱼，放小鱼，尽量保证小鱼的生存。天父地母让冬捕人过上了好日子，冬捕人知道感谢，不会做破坏自然的事儿，这个道理大家都懂。

　　我一共干了多少年了，还真没有计算过，一年一年也就这么过去了。再干几年，我就也要退休了。现在有好几个年轻人跟着我学，也都有点儿本事了。查干湖冬捕还得靠年轻人传下去啊！

注释

冬捕 dōng bǔ

The winter fishing in Chagan Lake usually starts in mid-December and ends in the end of the next January. Before fishing, Chagan Lake has to hold a traditional ceremony to worship the lake and bless the net. The local residents drill many holes through the thick ice and place net or fishhooks under the ice to catch fish. This technique has been listed a national-level form of intangible cultural heritage.

鱼把头 yúbǎtóu

It means the fishermen's leader. The leader is traditionally an old, seasoned fisherman. It is referred as "a hero fisherman" in the Mongolian language.

本级词

报道 bàodào | to report

媒体 méitǐ | media

关注 guānzhù | to concern, to follow with interest

怕 pà | (used to express worry or estimation)

设备 shèbèi | equipment

旧 jiù | old, used

相当 xiāngdāng | quite

往往 wǎngwǎng | often

主持 zhǔchí | to host, to take charge of

紧张 jǐnzhāng | nervous

底下 dǐxia | under, below

观察 guānchá | to observe

周围 zhōuwéi | surroundings

反正 fǎnzhèng | anyway, anyhow

技术 jìshù | skill

复杂 fùzá | complex, complicated

等待 děngdài | to wait for

消失 xiāoshī | to disappear

现场 xiànchǎng | scene

观众 guānzhòng | audience

本来 běnlái | originally, at first

静 jìng | quiet

尽量 jǐnliàng | to the best of one's ability, as far as possible

保证 bǎozhèng | to ensure, to guarantee

破坏 pòhuài | to destroy

计算 jìsuàn | to calculate, to count

退休 tuìxiū | to retire

本事 běnshi | ability, talent

超纲词

捕 bǔ | to catch (fish), to arrest

厚 hòu | thick

冰 bīng | ice

神 shén | god

仪式 yíshì | ceremony

师傅 shīfu | master worker

练 习

一、根据文章判断正误。

Tell right or wrong according to the article.

(　　) 1. 这两年，<u>查干湖</u>冬捕越来越有名，国内外媒体都有关注。

(　　) 2. 过去爷爷不想让"我"参加冬捕，因为冬捕有危险。

(　　) 3. 现在时代不一样了，冬捕的仪式也有了很大变化。

(　　) 4. 受父亲的影响，"我"对冬捕仪式也很重视。

(　　) 5. 要根据冰上的雪、冰的颜色、水的声音等来确定在哪儿开冰眼。

(　　) 6. 冬捕用的都是小网，能拉上来千万条鱼，年年丰收。

(　　) 7. "我"退休后，年轻人会把<u>查干湖</u>冬捕传下去。

二、选词填空。

Fill in the blanks with the words given below.

A. 关注　　　　B. 反正　　　　C. 紧张　　　　D. 本来
E. 破坏　　　　F. 往往　　　　G. 尽量　　　　H. 周围

1. 这两年，冬捕越来越有名，每年都有记者来报道，连国外的许多媒体都_____了。

2. 东北这地方，那是相当冷，冬天_____能冷到零下四十度。

3. 爷爷已经主持过很多次仪式了，但每次还是_____，因为不能出一点儿错。

4. 鱼多的地方，水会动，冰上的雪就会比_____高一点点。

67

5. _____，干冬捕的人头几年不懂这门技术，跟在师傅后面多学习，慢慢也就知道了。

6. _____静静的，立刻热闹起来，每个人都那么高兴。

7. 近几年用的都是大网，抓大鱼，放小鱼，_____保证小鱼的生存。

8. 冬捕人知道感谢，不会做_____自然的事儿，这个道理大家都懂。

三、根据文章回答问题。

Answer the questions below according to the article.

1. 过去为什么很多人不想干冬捕？
   _____

2. 冬捕前要做哪些准备？
   _____

3. 怎么确定在哪儿开冰眼？
   _____

4. 冬捕时"我"的心情怎么样？
   _____

5. 近几年冬捕为什么用大网？
   _____

14　画门神的人

"门"常常跟"家""国"等汉字组合在一起，承担着保证家、国安全的责任。过年的时候，中国人在门上贴门神，希望得到幸福、避免灾祸。

门神的历史久远，最早有文字记录是在东汉。门神的形象也有很多种，到了元朝以后，秦琼（Qín Qióng）和尉迟恭（Yùchí Gōng）两个人物成为民间影响最大、普及性最强的门神。《隋唐演义》（Suí-Táng Yǎnyì）中有这样一个故事：唐太宗李世民（Lǐ Shìmín）有一段时间身体不好，每天晚上都睡不着，总感觉有人进了他的房间，心里很害怕。跟大臣们商量以后，他决定让秦琼和尉迟恭两个人晚上站在门口，保证他的安全。这个办法果然有效，那天晚上他睡得很好。可时间久了，每晚都不能睡觉的秦琼和尉迟恭累坏了。李世民只好让人画了两个人的像，挂在门上，效果仍然不错。从那以后，秦琼和尉迟恭就慢慢成为了人们心中的门神。人们把他们的画像贴在各自家门上，形成一种风俗，一直流传至今。

69

现在，贴门神的风俗在中国某些地区还是很流行，门神艺术也没有退出历史的舞台。在浙江南部小城瑞安(Ruì'ān)就有这样一群画门神的人。

民间画师廖宝兵(Liào Bǎobīng)已经六十多岁，从事这个职业几十年了。他始终坚持最传统的画法，虽然现在门神的形象很多，但他只画秦琼和尉迟恭。他的态度很坚决："我的老师在这方面也很严格，要求我不能改变门神的服装、动作什么的，给钱也不能改……。"其实，廖老师的门神画很受欢迎，因为他的画颜色特别丰富，有十几种红色、十几种黄色，各种深的、浅的颜色配在一起，很好看，让人眼前一亮。

年轻的画师们显然更具有创新性，他们不满足仅仅使用传统规范的门神画法。虞冠东(Yú Guàndōng)画门神的时候，喜欢采用西方的画法。他画的门神比例夸张，个性突出，看起来有点奇怪。有一次，他给顾客画门神，画了一半，一位老人就看不下去了："别画了，别画了。你再这样画下去，恐怕没有人能认得这是门神了。"虞冠东没有生气："老爷爷，您让我画完，好吗？画完以后，让大家都来看看，如果不满意，我不收钱。"这幅门神最后留在了顾客的门上，虞冠东画门神也得到了"有特色"的评价。"有特色"不一定有市场，虞冠东自己也明白这一点，但是他说："我画的门神确实离市场有点远，但我会坚持打开属于我的市场，十年、二十年，直到实现我的愿望。"

跟传统的门神画相比，现代门神画已经从职业转变成年轻人的事业。其实，采用哪一种画法并不重要，重要的是，创作的作品是不是结合了作者的感情，能不能体现人们的生活态度。

注释

东汉 Dōng Hàn
the Eastern Han Dynasty (25–220 AD)

元朝 Yuáncháo
Yuan Dynasty (1279–1368 AD)

《隋唐演义》Suí-Táng Yǎnyì
Romance of Sui and Tang Dynasties is created by Chu Renhuo, a novelist of Qing Dynasty. This book is a famous historical fiction novel which strives to praise the chivalrous heroes popular in the folk.

本级词

组合 zǔhé | to compose

形象 xíngxiàng | image

普及 pǔjí | to popularize, to spread

性 xìng | (suffix, used to form nouns and adjectives)

强 qiáng | strong

总 zǒng | consistently

决定 juédìng | to decide

果然 guǒrán | as expected, sure enough

只好 zhǐhǎo | to have to

效果 xiàoguǒ | effect

各自 gèzì | each (of a group), oneself

至今 zhìjīn | so far, up to now

某 mǒu | certain, some

艺术 yìshù | art

退出 tuìchū | to step out

从事 cóngshì | to be engaged in

职业 zhíyè | occupation

始终 shǐzhōng | from beginning to end, throughout

坚决 jiānjué | firm, determined

配 pèi | to match

眼前 yǎnqián | before one's eyes

显然 xiǎnrán | obviously

创新 chuàngxīn | to innovate

满足 mǎnzú | to satisfy

仅仅 jǐnjǐn | only

规范 guīfàn | standard

采用 cǎiyòng | to use

比例 bǐlì | proportion

个性 gèxìng | personality

突出 tūchū | prominent

恐怕 kǒngpà | (indicating an estimation) perhaps

认得 rènde | to recognize

属于 shǔyú | to belong to

相比 xiāngbǐ | to compare with

转变 zhuǎnbiàn | to change, to transform

事业 shìyè | career, undertaking

创作 chuàngzuò | to create

作品 zuòpǐn | work

作者 zuòzhě | author

能不能 néng bu néng | can … or not?

超纲词

门神 ménshén | door-god

承担 chéngdān | to undertake

避免 bìmiǎn | to avoid

灾祸 zāihuò | disaster

人物 rénwù | figure

可 kě | but

流传 liúchuán | to spread

严格 yángé | strict

浅 qiǎn | (of color) light

夸张 kuāzhāng | exaggerated

幅 fú | (measure word for paintings)

练 习

一、根据文章判断正误。

Tell right or wrong according to the article.

(　　) 1. 家门、国门承担着保证家、国安全的责任。

(　　) 2. 门神的形象从东汉开始就是秦琼和尉迟恭两个人。

(　　) 3. 秦琼和尉迟恭晚上站在门口,保证李世民的安全,他就能睡好觉。

(　　) 4. 现代社会,贴门神的风俗已经退出历史舞台。

(　　) 5. 廖宝兵坚持传统画法,不改变门神的服装、动作什么的。

(　　) 6. 廖宝兵的门神画颜色特别丰富,得到了"有特色"的评价。

(　　) 7. 虞冠东的门神画采用西方的画法,具有创新性。

二、选词填空。

Fill in the blanks with the words given below.

A. 体现　　　B. 恐怕　　　C. 只好　　　D. 满足

E. 果然　　　F. 普及　　　G. 相比　　　H. 从事

1. 到了元朝以后,秦琼和尉迟恭两个人物成为民间影响最大、_____性最强的门神。

2. 这个办法_____有效,那天晚上李世民睡得很好。

3. 李世民_____让人画了两个人的像,挂在门上。

4. 民间画师廖宝兵已经六十多岁,_____这个职业几十年了。

5. 年轻的画师们显然更具有创新性,仅仅使用传统规范的门神画法是不能让他们_____的。

6. "你再这样画下去，_____没有人能认得这是门神了。"

7. 跟传统的门神画_____，现代门神画已经从职业转变成年轻人的事业。

8. 重要的是，创作的作品是不是结合了作者的感情，能不能_____人们的生活态度。

三、根据文章回答问题。

Answer the questions below according to the article.

1. 中国人为什么在门上贴门神？
_____

2. 秦琼和尉迟恭两个人物为什么成为门神的形象？
_____

3. 廖宝兵的门神画为什么受欢迎？
_____

4. 虞冠东的门神画怎么样？
_____

5. 在作者看来，画门神画最重要的是什么？
_____

73

15 阿日奔苏木婚礼

一次去<u>阿鲁科尔沁旗</u>(Ālǔkē'ěrqìnqí)做文化调查时，我有机会参加了当地一对<u>蒙古族</u>(Měnggǔzú)青年男女的婚礼。这场婚礼被称为"阿日奔苏木婚礼"，十分具有蒙古族的特色，跟汉族的婚礼完全不同，让我十分好奇。

阿日奔苏木婚礼的风俗流传在<u>内蒙古 赤峰</u>(Nèiměnggǔ Chìfēng)市北部的一些地区。蒙古族人爱唱歌，也爱跳舞，整个婚礼过程中，在现场的人都会参与进来，人人都是歌手。虽然我不会他们的语言，听不懂他们唱的歌的意思，但是能感受到他们的欢乐，体会到这个场合的重大意义。

新郎带着他的马队来了。新娘家的四个嫂子反应很快，立刻站在毡包的门口，不准他们进入。她们用唱歌的方式问男方问题，男方回答，内容包括蒙古族的历史、自然、农业生产等各种知识，只有女方觉得满意了，新郎和他的队员才通过考验，进入毡包。

新娘走出毡包，上了马，新郎和他的马队就要出发了。新娘的家属会给客人们一一倒酒，歌手们也会一直在旁边唱祝词。客人们接过酒后，每个人需要先用手指对着天和地弹酒——代表祭祀天地，然后自己喝一点儿，再把剩下的酒洒在马的前边和后边。当男方最后一名队员喝过酒后，会突然拿着酒杯骑上马加快速度往前跑。这时候，女方的马队要立刻去追，一场男女双方骑马抢杯的仪式开始了。这不光是一场速度的比赛，也是合作能力的比赛。酒杯会从一个人传到另一个人，很难抢到。虽然只是游戏，但如果女方没抢回来，按照风俗，第二天必须带上礼物把杯子换回来。

接新娘回家的路上，新郎还要和新娘对箭、对骨。订婚的时候，新娘父亲会送给新郎一支箭，也留给新娘一支；同时新郎也要送给新娘父亲半根羊腿骨，还有一半自己留着。只有箭和骨都能对上，才能确定对方是自己要结婚的人。这种仪式在婚姻自主的今天，已经失去了它的意义。但在以前，男女双方结婚的时候没有交往过，也还没见过面呢，对箭、对骨还是必要的。

然后，新郎会骑马先赶回家，告诉家里人新娘马上就要到了。男方的亲友会走出毡包，等着迎接新娘。等新娘到了，婚宴就宣布正式开始了。在婚宴上，大家大口喝酒，大口吃肉，祝词歌声还是不断。

等婚礼结束时，新娘的亲友一个个流着眼泪，唱着分别的歌。新娘的父母先唱，亲人朋友接着唱，然后新娘的母亲会对着新郎的母亲唱："我们的姑娘交给您……"，听着听着，我的眼泪也流了下来。仪式不同，但天下父母的心是相似的。我的女儿交给你了，年轻人啊，请你将来好好对待她。

婚礼结束了，但我久久不能忘记那美丽的景色、好听的歌声、快跑的大马、开心的人群。

注释

蒙古族 Měnggǔzú
The Mongolian ethnic group lives mostly in the Inner Mongolia Autonomous Region, China.

毡包 zhānbāo
A traditional yurt is a portable, round tent covered with animal skin or felt and used as a dwelling by Mongolian ethnic group and other nomadic groups. The yurt is called "ger" in Mongolia. It is designed to be easy to take apart, transport, and reconstruct.

本级词

称为 chēngwéi | to be called
好奇 hàoqí | curious
过程 guòchéng | process
体会 tǐhuì | to experience
场合 chǎnghé | occasion
重大 zhòngdà | significant
马 mǎ | horse
反应 fǎnyìng | reaction
队员 duìyuán | team member
考验 kǎoyàn | test
家属 jiāshǔ | family members
需要 xūyào | to need, to require
手指 shǒuzhǐ | finger
加快 jiākuài | to accelerate

速度 sùdù | speed
追 zhuī | to chase
不光 bùguāng | not only
游戏 yóuxì | game
自主 zìzhǔ | to act on one's own
失去 shīqù | to lose
交往 jiāowǎng | to be in a relationship
必要 bìyào | necessary
宣布 xuānbù | to announce
姑娘 gūniang | girl
相似 xiāngsì | similar
将来 jiānglái | in the future
对待 duìdài | to treat
人群 rénqún | crowd

超纲词

婚礼 hūnlǐ | wedding
参与 cānyù | to participate in
新郎 xīnláng | groom
新娘 xīnniáng | bride
嫂子 sǎozi | sister-in-law
毡包 zhānbāo | yurt
弹 tán | to flick, to pluck
剩下 shèngxia | to be left over

洒 sǎ | to sprinkle, to spray
抢 qiǎng | to rob
箭 jiàn | arrow
骨 gǔ | bone
订婚 dìnghūn | be engaged (to sb)
婚宴 hūnyàn | wedding banquet
亲友 qīnyǒu | relatives and friends
眼泪 yǎnlèi | tear

练 习

一、根据文章判断正误。

Tell right or wrong according to the article.

(   ) 1. "我"在去阿鲁科尔沁旗做文化调查以前参加过蒙古族婚礼。

(   ) 2. 蒙古族婚礼跟汉族的婚礼差不多，都会唱歌跳舞，能感受到他们的欢乐。

(   ) 3. 根据阿日奔苏木婚礼的风俗，新郎和他的马队得通过女方的考验才能进入毡包见新娘。

(   ) 4. 新娘出发去新郎家以前，她的家属会给客人们一一倒酒。

(   ) 5. 要是男方没抢到酒杯，按照风俗，第二天必须带上礼物把杯子换回来。

(   ) 6. 蒙古族人爱唱歌，也爱跳舞，整个婚礼过程中祝词歌声不断。

(   ) 7. 整个婚礼过程非常欢乐，结束时新娘的父母一边唱歌，一边笑着跟新娘告别。

二、选词填空。

Fill in the blanks with the words given below.

A. 追　　　　　B. 相似　　　　　C. 好奇　　　　　D. 失去

E. 考验　　　　F. 人群　　　　　G. 加快　　　　　H. 重大

1. 阿日奔苏木婚礼十分具有蒙古族的特色，跟汉族的婚礼完全不同，让"我"感到十分_____。

2. 虽然"我"不会他们的语言，听不懂他们唱的歌的意思，但是能感受到他们的欢乐，体会到这个场合的_____意义。

3. 只有等女方都觉得满意，新郎和他的队员才通过_____，进入毡包。

4. 当男方最后一名队员喝过酒后，会突然拿着酒杯骑上马_____速度往前跑。

5. 这时候，女方家的马队要立刻去_____，一场男女双方骑马抢杯的仪式开始了。

6. 这种仪式，在婚姻自主的今天，已经_____了它的意义。

7. 仪式不同，但天下父母的心是_____的。

8. 婚礼结束了，但"我"久久不能忘记那美丽的景色、好听的歌声、快跑的大马、开心的_____。

三、根据文章回答问题。

Answer the questions below according to the article.

1. 阿日奔苏木婚礼的风俗流传在哪些地区？有什么特色？

2. 女方怎么考验新郎和他的队员？

3. 男方和女方的马队是怎么抢酒杯的？

4. 新郎和新娘为什么要对箭、对骨？

5. 婚礼结束时，新娘的亲友为什么会流眼泪？

练习参考答案

1 今年春节怎么过？
一、1.√　2.×　3.√　4.√　5.×　6.×　7.√
二、1.H　2.A　3.C　4.G　5.D　6.B　7.E　8.F
三、略

2 进火
一、1.√　2.×　3.√　4.×　5.×　6.√　7.√
二、1.C　2.E　3.D　4.H　5.G B　6.F　7.A
三、略

3 清明，伤心还是欢乐？
一、1.√　2.√　3.√　4.×　5.√　6.×　7.×
二、1.G　2.B　3.A　4.H　5.E　6.C　7.D　8.F
三、略

4 三月歌飞
一、1.√　2.×　3.√　4.×　5.√　6.√　7.√
二、1.D　2.F　3.G　4.A　5.E　6.B　7.C　8.H
三、略

5 屈原和端午节
一、1.√　2.√　3.×　4.×　5.√　6.√　7.√
二、1.C　2.A　3.B　4.G　5.D　6.E　7.F
三、略

6 白族火把节
一、1.×　2.√　3.×　4.√　5.×　6.√　7.×
二、1.G　2.D　3.B H　4.F A　5.C　6.E
三、略

7 在国外过中秋
一、1.√　2.√　3.×　4.×　5.√　6.√　7.√
二、1.D　2.B　3.A　4.C　5.H　6.G　7.E　8.F
三、略

81

8 哈尼族的新米节

一、1. √　　2. ×　　3. √　　4. ×　　5. √　　6. ×　　7. ×

二、1. G　　2. E　　3. H　　4. F　　5. D　　6. A　　7. C　　8. B

三、略

9 九九重阳节

一、1. ×　　2. √　　3. √　　4. ×　　5. √　　6. √　　7. ×

二、1. D　　2. F　　3. H　　4. E　　5. G　　6. A　　7. C　　8. B

三、略

10 冬至为什么吃饺子?

一、1. ×　　2. √　　3. ×　　4. √　　5. √　　6. ×　　7. ×

二、1. G　　2. F　　3. D　　4. H　　5. C　　6. E　　7. B A

三、略

11 一碗腊八粥

一、1. √　　2. √　　3. √　　4. ×　　5. ×　　6. √　　7. ×

二、1. C　　2. D　　3. E　　4. A　　5. B　　6. H　　7. F　　8. G

12 你家孩子有对象了吗?

一、1. ×　　2. √　　3. ×　　4. √　　5. √　　6. ×　　7. ×

二、1. F　　2. A　　3. C　　4. H　　5. B　　6. D　　7. G　　8. E

三、略

13 查干湖冬捕

一、1. √　　2. √　　3. ×　　4. ×　　5. √　　6. ×　　7. √

二、1. A　　2. F　　3. C　　4. H　　5. B　　6. D　　7. G　　8. E

三、略

14 画门神的人

一、1. √　　2. ×　　3. √　　4. ×　　5. √　　6. ×　　7. √

二、1. F　　2. E　　3. C　　4. H　　5. D　　6. B　　7. G　　8. A

三、略

15 阿日奔苏木婚礼

一、1. ×　　2. ×　　3. √　　4. √　　5. ×　　6. √　　7. ×

二、1. C　　2. H　　3. E　　4. G　　5. A　　6. D　　7. B　　8. F

三、略

词汇表

A

安排 ānpái	arrangement	7
按 àn	according to	10
按照 ànzhào	according to	2
熬 áo	to boil	11

B

把 bǎ | (a preposition used to introduce a "subject+ verb + complement" structure) 1

把 bǎ	measure word for grain	8
搬 bān	to move	2
宝 bǎo	treasure	9
保 bǎo	to bless and protect	6
保护 bǎohù	protection	3
保留 bǎoliú	to retain, to keep	4
保暖 bǎonuǎn	to keep warm	10
保证 bǎozhèng	to ensure, to guarantee	13
报道 bàodào	to report	13
背后 bèihòu	behind sb's back	5
被 bèi	(used in the passive voice)	2
本来 běnlái	originally, at first	13
本事 běnshi	ability, talent	13

比较 bǐjiào	fairly	7
比例 bǐlì	proportion	14
比赛 bǐsài	match, competition	8
必要 bìyào	necessary	15
避免 bìmiǎn	to avoid	14
标准 biāozhǔn	standard	12
表达 biǎodá	to express	1
表演 biǎoyǎn	performance	1
冰 bīng	ice	13
并 bìng	and	4
补充 bǔchōng	to supply	10
捕 bǔ	to catch (fish), to arrest	13
不断 búduàn	constantly	8
不论 búlùn	regardless of	1
不得不 bùdébù	have no choice but to	6
不光 bùguāng	not only	15
不仅 bùjǐn	not only	8

C

材料 cáiliào	material	7
财主 cáizhu	rich man	4
采用 cǎiyòng	to use	14
彩灯 cǎidēng	colored lantern or lamp	7
参与 cānyù	to participate in	15

83

曾经 céngjīng | once	7
产生 chǎnshēng | to produce, to bring about	9
场合 chǎnghé | occasion	15
朝 cháo | towards	2
称为 chēngwéi | to be called	15
称为 chēngwéi | to be called, to be known as	12
成功 chénggōng | to achieve success	5
成千上万 chéngqiān-shàngwàn | tens of thousands of	6
成熟 chéngshú | mature	8
承担 chéngdān | to undertake	14
城市 chéngshì | city	1
持续 chíxù | to last, to continue	8
冲 chōng | to wash, to flush	8
重 chóng | re-, once more	8
充满 chōngmǎn | to be full of	1
初 chū | initial	3
除了 chúle | except	6
传 chuán | to pass on	3
传 chuán | to spread	4
传播 chuánbō | to spread	4
传说 chuánshuō | legend	4
传统 chuántǒng | traditional	1
窗户 chuānghu | window	1
创新 chuàngxīn | to innovate	14

创作 chuàngzuò | to create	14
从来 cónglái | at all times	11
从前 cóngqián | before, once upon a time	9
从事 cóngshì | to be engaged in	14
村 cūn | village	1
错误 cuòwù | error, mistake	9

D

打扫 dǎsǎo | to clean	8
大臣 dàchén | minister of a monarchy	5
大概 dàgài | about, approximately	2
大米 dàmǐ | (husked) rice	11
代表 dàibiǎo | to represent	2
带动 dàidòng | to revive, to spur on	2
带领 dàilǐng | to lead	6
担任 dānrèn | to hold the post of	7
弹 tán | to flick, to pluck	15
当初 dāngchū | at the beginning	5
当地 dāngdì | local	1
当然 dāngrán | of course	8
到底 dàodǐ | on earth	9
稻谷 dàogǔ | unhusked rice	8
地区 dìqū | area	4
地位 dìwèi | status	12
地下室 dìxiàshì | basement	9
灯笼 dēnglong | lantern	1

等待 děngdài | to wait for	13
底下 dǐxia | under, below	13
电视台 diànshìtái | TV station	1
调查 diàochá | investigation	12
订婚 dìnghūn | be engaged (to sb)	15
定期 dìngqī | at regular intervals	12
动力 dònglì | motive power	12
动人 dòngrén | moving, touching	4
冻 dòng | freezing	10
端 duān | to hold sth level with both hands, to carry	2
断 duàn | to disconnect, to break	4
队伍 duìwu | queue	11
队员 duìyuán | team member	15
对待 duìdài | to treat	15
对方 duìfāng | the opposite side	4
对象 duìxiàng | boyfriend/girlfriend	12
顿 dùn | (measure word for a meal)	7

E

耳朵 ěrduo | ear	10

F

发粄 fābǎn | Bot Ban, a small cake made of rice flour	2
发表 fābiǎo | to express	5
发生 fāshēng | to happen	1
发展 fāzhǎn | development	12
反对 fǎnduì | to be opposed to	5
反应 fǎnyìng | reaction	15
反正 fǎnzhèng | anyway, anyhow	13
方式 fāngshì | way, mode	1
防止 fángzhǐ | to prevent, to avoid	10
放到 fàngdào | to put to	10
分别 fēnbié | separately	2
分成 fēnchéng | to divide into	6
分组 fēn zǔ | to divide into groups	11
坟墓 fénmù | grave, tomb	12
丰富 fēngfù | plentiful	3
丰收 fēngshōu | bumper harvest	3
风俗 fēngsú | social custom	2
服装 fúzhuāng | clothing	4
幅 fú | (measure word for paintings)	14
福 fú | blessing	1
父母 fùmǔ | parents	2
父亲 fùqīn | father	2
负责人 fùzérén | person in charge	11
复杂 fùzá | complex, complicated	13

G

干果 gānguǒ | dried fruit	11
赶 gǎn | to rush for, to catch up	2
赶到 gǎndào | to arrive in time for	4
赶紧 gǎnjǐn | hurriedly	2

85

敢 gǎn | to dare	9
感冒 gǎnmào | cold, influenza	10
感情 gǎnqíng | emotion	3
感受 gǎnshòu | to feel	3
告别 gàobié | to bid farewell to	12
歌声 gēshēng | sound of singing	4
歌手 gēshǒu | singer	4
个性 gèxìng | personality	14
各地 gèdì | various places/localities, all over the country/world	1
各个 gègè | each, every	4
各种 gèzhǒng | all kinds of	7
各种各样 gèzhǒng-gèyàng | all kinds of, various	9
各自 gèzì | each (of a group), oneself	14
更加 gèngjiā | more	2
功能 gōngnéng | function	10
共同 gòngtóng | together	11
姑娘 gūniang | girl	15
古代 gǔdài | ancient times	3
古老 gǔlǎo | ancient	4
骨 gǔ | bone	15
瓜 guā | any kind of melon or gourd	3
瓜子 guāzǐ | melon seed	1
挂 guà | to hang	1
关系 guānxì | relationship	5
关注 guānzhù | to concern, to follow with interest	13
观察 guānchá | to observe	13
观念 guānniàn | concept	12
观众 guānzhòng | audience	13
管理 guǎnlǐ | to manage	5
广 guǎng | wide	4
规定 guīdìng | regulation	3
规范 guīfàn | standard	14
锅 guō | pot	10
国内 guónèi | domestic	7
国王 guówáng | king	9
果然 guǒrán | as expected, sure enough	14
过程 guòchéng | process	15
过节 guò jié | to celebrate festivities	7
过去 guòqù | past times	1
过日子 guò rìzi | to live (on), to get along	2

H

害怕 hài pà | to fear	6
寒冷 hánlěng | cold, frigid	6
寒冷 hánlěng | frigid, freezing	10
好好 hǎohǎo | well, perfectly	5
好奇 hàoqí | curious	15
合 hé | to fit one into the other	4
合作 hézuò | to cooperate	7

黑米 hēimǐ | black rice	11	
红包 hóngbāo | red envelope/packet	1	
红火 hónghuǒ | flourishing, prosperous	1	
洪水 hóngshuǐ | flood	8	
后面 hòumiàn | at the back	11	
厚 hòu | thick	13	
蝴蝶 húdié | butterfly	12	
互相 hùxiāng | each other	2	
花生 huāshēng | peanut	1	
花生 huāshēng | peanut	11	
华人 huárén | Chinese people	7	
怀念 huáiniàn | to cherish the memory of	3	
欢乐 huānlè | joy	1	
婚礼 hūnlǐ | wedding	15	
婚宴 hūnyàn | wedding banquet	15	
火 huǒ | fire	2	
火把 huǒbǎ | torch	6	

J

基本上 jīběnshàng | basically	11
…极了 …jí le | extremely	10
集中 jízhōng | to gather up	4
计算 jìsuàn | to calculate, to count	13
记录 jìlù | to record	2
记者 jìzhě | reporter, journalist	1
纪念 jìniàn | to commemorate	4

技术 jìshù | skill	13
季节 jìjié | season	11
继续 jìxù | to continue	9
祭品 jìpǐn | sacrificial offering	3
祭祀 jìsì | to offer sacrifices to gods or ancestors	3
加快 jiākuài | to accelerate	15
家属 jiāshǔ | family members	15
家乡 jiāxiāng | hometown	7
架子 jiàzi | shelf	1
坚持 jiānchí | to insist	6
坚决 jiānjué | firm, determined	14
建 jiàn | to build	9
建成 jiànchéng | the completion of the building	2
建立 jiànlì | to establish	6
箭 jiàn | arrow	15
将近 jiāngjìn | be close to, almost	11
将来 jiānglái | in the future	15
交流 jiāoliú | to communicate	4
交往 jiāowǎng | to be in a relationship	15
节气 jiéqì | solar term	3
节约 jiéyuē | thrift	2
结合 jiéhé | to combine	4
结婚 jiéhūn | to marry	6
结束 jiéshù | to finish	3

87

解决 jiějué | to solve		9
仅仅 jǐnjǐn | only		14
尽量 jǐnliàng | to the best of one's ability, as far as possible		13
紧紧 jǐnjǐn | firmly		7
紧密 jǐnmì | close		4
紧张 jǐnzhāng | nervous		13
进步 jìnbù | to progress		2
进一步 jìnyíbù | further		12
经验 jīngyàn | experience		8
精彩 jīngcǎi | marvellous		8
精神 jīngshén | spirit		8
景色 jǐngsè | scenery		3
静 jìng | quiet		13
久 jiǔ | long		5
旧 jiù | old, used		13
菊花 júhuā | chrysanthemum		9
举办 jǔbàn | to sponsor		3
拒绝 jùjué | to refuse		12
具体 jùtǐ | specific		11
具有 jùyǒu | to possess		3
据说 jùshuō | it is said that		3
决定 juédìng | to decide		14
军队 jūnduì | army, military		6

K

开放 kāifàng | (of a flower) to come into bloom		4
开放 kāifàng | to open		12
开关 kāiguān | switch, breaker, button		2
开始 kāishǐ | to start		3
开展 kāizhǎn | to conduct		3
砍柴 kǎn chái | to cut firewood		4
看出 kànchū | to make out, to find out		6
看起来 kànqǐlái | to seem		6
看上去 kàn shàngqù | it looks like		10
考验 kǎoyàn | test		15
可 kě | but		14
空 kōng | empty		2
空地 kòngdì | open space, vacant space		10
恐怕 kǒngpà | (indicating an estimation) perhaps		14
夸张 kuāzhāng | exaggerated		14
困难 kùnnan | financially difficult		10

L

辣椒 làjiāo | pepper		10
浪费 làngfèi | to waste		9
浪漫 làngmàn | romantic		12
捞 lāo | to scoop up from a liquid		5
老百姓 lǎobǎixìng | common people		5
老太太 lǎotàitai | old lady		1

类 lèi	kind, type	11
里面 lǐmiàn	inside	9
理解 lǐjiě	understand	4
力 lì	strength, ability	9
力量 lìliàng	power	6
历史 lìshǐ	history	1
立刻 lìkè	immediately	2
连 lián	to connect	7
连续 liánxù	successive, continuous	12
联系 liánxì	contact	12
聊 liáo	to chat	2
裂 liè	to crack	12
凌晨 língchén	before dawn	11
领 lǐng	to go and get	11
另外 lìngwài	other, another	9
另一方面 lìng yìfāngmiàn	on the other hand	10
留学 liúxué	to study abroad	7
流传 liúchuán	to spread	14
龙 lóng	dragon	8
炉 lú	stove, oven	1

M

马 mǎ	horse	15
满足 mǎnzú	to satisfy	14
慢慢 mànmàn	slowly	5
媒体 méitǐ	media	13
煤气炉 méiqìlú	coal gas oven	2
每 měi	each, every, per	2
美好 měihǎo	desirable, glorious	1
美丽 měilì	beautiful	3
美食 měishí	choice food	1
门神 ménshén	door-god	14
米 mǐ	rice	8
面对 miànduì	to face	12
面积 miànjī	the measure of area	2
民间 mínjiān	folk, unofficial	4
民族 mínzú	nation, nationality, ethnic group	4
莫 mò	don't	4
某 mǒu	certain, some	14
母亲 mǔqīn	mother	2
目前 mùqián	at present	11

N

男子 nánzǐ	male, man	4
南部 nánbù	southern part	8
难道 nándào	could it be said that (used in rhetorical questions)	12
内容 nèiróng	content	3
内心 nèixīn	innermost being	11
能不能 néng bu néng	can ... or not?	14
能力 nénglì	competence	5
年代 niándài	age, years	12

89

年货 niánhuò | special purchases for the Spring Festival 1
年纪 niánjì | age 9
农村 nóngcūn | countryside 2
农历 nónglì | lunar calendar 2
农民 nóngmín | farmer 3
农业 nóngyè | agriculture 8
暖和 nuǎnhuo | warm 10
糯米 nuòmǐ | sticky rice 4
女子 nǚzǐ | female, woman 4

P

怕 pà | (used to express worry or estimation) 13
排 pái | to put in order, to line up 2
派 pài | to send 4
抛 pāo | to throw 4
配 pèi | to match 14
骗 piàn | to cheat 5
品种 pǐnzhǒng | variety 7
评价 píngjià | to evaluate 12
苹果 píngguǒ | apple 2
破坏 pòhuài | to destroy 13
葡萄干 pútaogān | raisin 11
普及 pǔjí | to popularize, to spread 14

Q

妻子 qīzi | wife 2
其次 qícì | second, next 3
其实 qíshí | actually 11
奇怪 qíguài | strange 9
气氛 qìfēn | atmosphere 2
气候 qìhòu | climate 6
千万 qiānwàn | (used in exhortation) be sure 5
前后 qiánhòu | around 3
浅 qiǎn | (of color) light 14
强 qiáng | strong 14
强 qiáng | of a high standard, to a high degree 5
强大 qiángdà | strong 5
强调 qiángdiào | to emphasize 12
抢 qiǎng | to rob 15
切 qiē | to cut 10
亲人 qīnrén | relative, one's family members 3
亲友 qīnyǒu | relatives and friends 15
亲自 qīnzì | personally, in person 7
情感 qínggǎn | emotion 1
情况 qíngkuàng | situation 9
情人节 Qíngrén Jié | Valentine's Day 4
庆祝 qìngzhù | to celebrate 2
穷人 qióngrén | the poor 11

区别 qūbié | distinction	5
全面 quánmiàn | comprehensive	12
缺 quē | to lack	1
缺少 quēshǎo | to lack	7
确保 quèbǎo | to ensure	11
确定 quèdìng | definite	8
确实 quèshí | truly, indeed	12
群 qún | group	7
热爱 rè'ài | to love ardently	5
热量 rèliàng | heat quantity, calory	10
热闹 rènao | bustling with noise and excitement	4
人民 rénmín | the people	9
人群 rénqún | crowd	15
人物 rénwù | figure	14
认得 rènde | to recognize	14
认可 rènkě | to approve	12
任务 rènwu | task	11
如 rú | to comply with, to be like	9
如何 rúhé | how	10

S

洒 sǎ | to sprinkle, to spray	15
赛 sài | to compete	4
散步 sànbù | to take a walk	1
嫂子 sǎozi | sister-in-law	15
色 sè | color	4

闪电 shǎndiàn | lightning	12
伤 shāng | to hurt, to injure	10
伤心 shāngxīn | sad	3
商品 shāngpǐn | commodity	1
商业 shāngyè | commerce, business	1
上坟 shàngfén | to visit sb's grave	3
上来 shànglái | (complement of direction)	2
上升 shàngshēng | to rise	11
烧 shāo | to burn	6
设备 shèbèi | equipment	13
社会 shèhuì | society	3
深 shēn | deep	1
神 shén | god	13
生产 shēngchǎn | to produce	7
生存 shēngcún | existence, survival	6
生命 shēngmìng | life	6
生意 shēngyi | business	2
生长 shēngzhǎng | to grow	3
声 shēng | sound	5
剩下 shèngxia | to be left over	15
尸体 shītǐ | corpse, (dead) body	5
失去 shīqù | to lose	15
师傅 shīfu | master worker	13
时 shí | the time, when	1
时代 shídài | era	5
时刻 shíkè | time, moment	2

91

实际上 shíjìshàng | in fact 11
食品 shípǐn | food 10
始终 shǐzhōng | from beginning to end, throughout 14
世界 shìjiè | world 4
市场 shìchǎng | market 1
市民 shìmín | city residents 1
事件 shìjiàn | event, incident 6
事业 shìyè | career, undertaking 14
适合 shìhé | to be suitable for 3
适应 shìyìng | to adapt to 7
收获 shōuhuò | harvest 11
手指 shǒuzhǐ | finger 15
首都 shǒudū | capital 5
首领 shǒulǐng | leader, captain 6
首先 shǒuxiān | first 3
受 shòu | to be given 11
受不了 shòubuliǎo | be unable to endure, cannot bear/stand 10
输 shū | to lose, to be beaten 6
蔬菜 shūcài | vegetables 11
属于 shǔyú | to belong to 14
数量 shùliàng | quantity 11
双方 shuāngfāng | both parties/sides 4
思想 sīxiǎng | thought, ideology 12
死 sǐ | to die, to be dead 5
寺庙 sìmiào | temple 12

速度 sùdù | speed 15
算盘 suànpán | abacus, counting frame 2
所 suǒ | (measure word for schools, hospitals) 7

T

踏青 tàqīng | to go for a walk in the country in spring 3
汤 tāng | soup 10
糖 táng | sugar, candy 1
特色 tèsè | distinguishing feature 4
藤条 téngtiáo | rattan whip 4
梯子 tīzi | ladder 2
提前 tíqián | in advance 11
提亲 tíqīn | to propose a marriage, proposal 12
体会 tǐhuì | to experience 15
体现 tǐxiàn | to reflect 8
体验 tǐyàn | to experience 2
替 tì | for 12
天空 tiānkōng | the sky 5
甜 tián | sweet 8
跳 tiào | to jump 5
跳舞 tiàowǔ | to dance 3
贴 tiē | to stick, to paste 1
铁 tiě | iron 10
停止 tíngzhǐ | to stop 5

同意 tóngyì | to agree	9
统一 tǒngyī | to unify	5
痛苦 tòngkǔ | painful	6
头 tóu | first	7
突出 tūchū | prominent	14
突然 tūrán | suddenly	10
团圆 tuányuán | reunion	1
退 tuì | to move back, to quit	8
退出 tuìchū | to step out	14
退休 tuìxiū | to retire	13

W

外交 wàijiāo | diplomacy, foreign affairs	9
外面 wàimiàn | outside	6
丸子 wánzi | meatball	2
玩具 wánjù | toy	1
王 wáng | king	6
往往 wǎngwǎng | often	13
危险 wēixiǎn | dangerous	6
围 wéi | to surround	1
伟大 wěidà | great	5
卫生 wèishēng | hygiene	8
为了 wèile | in order to	2
温暖 wēnnuǎn | warm	2
文化 wénhuà | culture	3
文学 wénxué | literature	5
文字 wénzì | written words, characters	9

屋 wū | house	2
武器 wǔqì | weapon	6
舞台 wǔtái | stage	4

X

西部 xībù | the west	10
希望 xīwàng | hope	1
系 jì | to fasten	6
下来 xiàlái | (used after a verb to indicate a continuation from the past to the present or from the beginning to the end)	4
下面 xiàmiàn | lower level	5
下去 xiàqù | (used after a verb, indicating a motion away from a higher place to a lower one)	4
吓 xià | to scare	6
显然 xiǎnrán | obviously	14
显示 xiǎnshì | to show, to display	12
现场 xiànchǎng | scene	13
现代 xiàndài | modern	3
线 xiàn | thread, line	2
相比 xiāngbǐ | to compare with	14
相处 xiāngchǔ | to get along	12
相当 xiāngdāng | quite	13
相关 xiāngguān | to be related to	8
相互 xiānghù | each other	4

93

相似 xiāngsì | similar	15
香 xiāng | fragrant	8
消失 xiāoshī | to disappear	13
消息 xiāoxi | news, information	12
小米 xiǎomǐ | millet	11
效果 xiàoguǒ | effect	14
些 xiē | some	5
心 xīn | heart	7
心意 xīnyì | kindly feeling, intention	12
新郎 xīnláng | groom	15
新娘 xīnniáng | bride	15
信任 xìnrèn | to trust	5
形成 xíngchéng | to form	6
形式 xíngshì | form	4
形象 xíngxiàng | image	14
形状 xíngzhuàng | shape	2
幸福 xìngfú | happiness	2
幸运 xìngyùn | luck	6
性 xìng | (suffix, used to form nouns and adjectives)	14
性格 xìnggé | character, personality	12
绣球 xiùqiú | a ball made of strips of silk	4
需要 xūyào | to need, to require	15
宣布 xuānbù | to announce	15
选择 xuǎnzé | to choose; choice	12

Y

压力 yālì | pressure	12
严格 yángé | strict	14
眼泪 yǎnlèi | tear	15
眼前 yǎnqián | before one's eyes	14
演出 yǎnchū | show, performance	9
羊 yáng | sheep	6
阳光 yángguāng | sunshine	2
要是 yàoshi | if	9
一切 yíqiè | all	5
一方面 yìfāngmiàn | on one hand	10
医学家 yīxuéjiā | medical scientist	10
仪式 yíshì | ceremony	13
艺术 yìshù | art	14
意义 yìyì | meaning	3
因此 yīncǐ | therefore	3
阴谋 yīnmóu | conspire, scheme	5
印象 yìnxiàng | impression	7
迎接 yíngjiē | to welcome	3
营养 yíngyǎng | nutrition	10
由 yóu | by	6
由于 yóuyú | because	2
游戏 yóuxì | game	15
有效 yǒuxiào | effective, valid	10
预防 yùfáng | to prevent	10
预计 yùjì | to predict	11
原谅 yuánliàng | to forgive	9
愿望 yuànwàng | desire, wish	9
约 yuē | to make an appointment	1

Z

灾祸 zāihuò | disaster — 14

早已 zǎoyǐ | long ago, for a long time — 7

责任 zérèn | responsibility — 5

增进 zēngjìn | to promote — 3

毡包 zhānbāo | yurt — 15

占领 zhànlǐng | to occupy — 5

战争 zhànzhēng | war — 5

张 zhāng | (measure word for tables, chairs etc.) — 1

长寿 chángshòu | long-lived — 9

者 zhě | (used after a noun phrase to indicate a person doing the stated work) — 7

真实 zhēnshí | real — 5

争 zhēng | to compete, to be racing to — 2

整个 zhěnggè | whole — 8

整天 zhěngtiān | all day — 10

整整 zhěngzhěng | whole — 1

正式 zhèngshì | formal — 9

之间 zhījiān | between — 3

支 zhī | (measure word for queues, troops, fleets etc.) — 11

支付 zhīfù | to pay — 1

直到 zhídào | until — 6

值 zhí | to be worth — 11

值得 zhídé | to be worth — 11

职业 zhíyè | occupation — 14

植物 zhíwù | plant — 3

只好 zhǐhǎo | to have to — 14

只是 zhǐshì | just, merely — 5

只有 zhǐyǒu | only — 1

指 zhǐ | to refer to — 3

指出 zhǐchū | to point out — 11

指导 zhǐdǎo | guidance — 9

至今 zhìjīn | so far, up to now — 14

志愿者 zhìyuànzhě | volunteer — 7

制作 zhìzuò | to boil, to make — 11

治 zhì | to heal — 10

中华民族 Zhōnghuá Mínzú | Chinese nation — 3

中外 zhōngwài | China and foreign countries — 7

中药 zhōngyào | traditional Chinese medicine — 10

终于 zhōngyú | finally — 5

种 zhòng | to plant — 3

重大 zhòngdà | significant — 15

周围 zhōuwéi | surroundings — 13

粥 zhōu | porridge — 11

主持 zhǔchí | to host, to take charge of — 13

主意 zhǔyi | idea — 5

煮 zhǔ | to boil — 10

注意 zhùyì | to pay attention to — 5

95

祝 zhù | to wish	2
祝福 zhùfú | blessing, benediction	2
抓 zhuā | to grab	5
专门 zhuānmén | specially	2
转变 zhuǎnbiàn | to change, to transform	14
追 zhuī | to chase	15
准 zhǔn | to allow	9
子女 zǐnǚ | sons and daughters, children	9
自然 zìrán | nature	3
自主 zìzhǔ | to act on one's own	15
总 zǒng | consistently	14
总结 zǒngjié | to sum up	8
总是 zǒngshì | always	10
粽叶 zòng yè | bamboo leaves	5
粽子 zòngzi | traditional Chinese rice-pudding	5
足够 zúgòu | enough	10
阻止 zǔzhǐ | to prevent	5
组合 zǔhé | to compose	14
祖先 zǔxiān | ancestors	3
尊敬 zūnjìng | to respect and admire	9
尊重 zūnzhòng | to respect	7
左右 zuǒyòu | about, approximate	2
作品 zuòpǐn | work	14
作战 zuòzhàn | to fight with, to battle with	6
作者 zuòzhě | author	14

版权声明

为了满足全球中文学习者的需求，我们在编写本套丛书时，对标《国际中文教育中文水平等级标准》，部分课文在已有文本的基础上稍作改动，以适应中文学习者的不同水平和阅读习惯。由于诸多客观原因，虽然我们做了多方面的努力，但仍无法与部分原作者取得联系。部分作品无法确认作者信息，故未署上作者的名字，敬请谅解。

国际中文的推广任重而道远，我们希望能得到相关著作权人的理解和支持。若有版权相关问题，您可与我们联系，我们将妥善处理。

编者

2023 年 10 月

图书在版编目(CIP)数据

三月歌飞 / 吴剑, 吴亚编. -- 上海：上海外语教育出版社, 2024

（阅读中国·外教社中文分级系列读物 / 程爱民总主编. 三级）

ISBN 978-7-5446-7890-2

Ⅰ.①三… Ⅱ.①吴…②吴… Ⅲ.①汉语—对外汉语教学—语言读物 Ⅳ.①H195.5

中国国家版本馆CIP数据核字（2023）第169601号

出版发行：**上海外语教育出版社**
（上海外国语大学内） 邮编：200083
电　　话：021-65425300（总机）
电子邮箱：bookinfo@sflep.com.cn
网　　址：http://www.sflep.com
责任编辑：王　璐

印　　刷：常熟市华顺印刷有限公司
开　　本：787×1092 1/16 印张 6.5 字数 96千字
版　　次：2024年6月第1版 2024年6月第1次印刷

书　　号：ISBN 978-7-5446-7890-2
定　　价：36.00元

本版图书如有印装质量问题，可向本社调换
质量服务热线: 4008-213-263